Samuel Sadaune

Les 60 Voyages extraordinaires de JULES VERNE

Éditions
Ouest-France

Jules Verne avant les Voyages Extraordinaires

Jules Verne est né en 1828 à Nantes, quartier de l'île Feydeau. L'activité portuaire de la cité est de toute première importance et on a beaucoup parlé de l'influence qu'un tel décor a pu avoir sur le futur auteur des *Voyages extraordinaires.* Le lieu de son enfance a effectivement dû former une première strate de ce qui deviendra l'imaginaire vernien : la fascination pour la mer et les navires, l'appel de l'inconnu. Appel renforcé par les séjours estivaux dans la maison de campagne du côté de Chantenay, où le décor champêtre sur le bord de la Loire s'allie au site nettement plus industrieux des forges d'Indret. Tout cet ensemble a sûrement marqué Jules lors de ses premières incursions dans l'imaginaire, incursions encore ludiques.

Une vision insulaire de Nantes au XIXe siècle. L'île Feydeau, où Jules Verne naquit le 8 février 1828, se trouve au centre. Extrait de *Nantes, hier et aujourd'hui*, paru aux Éditions Ouest-France *(Coll. M. Sclaresky)*.

Les voyages en ballon sont particulièrement prisés dans les années 1850. Edgar Poe avait déjà écrit des récits sur le sujet, cependant que Nadar et Jacques Arago effectuèrent des trajets en s'aidant de ce mode de locomotion fascinant. En août 1851, Jules Verne publie dans le *Musée des familles* sa seconde nouvelle, *Un voyage en ballon*, lequel voyage est menacé par la présence d'un passager atteint de démence. *(Coll. Ch. Le Corre)*

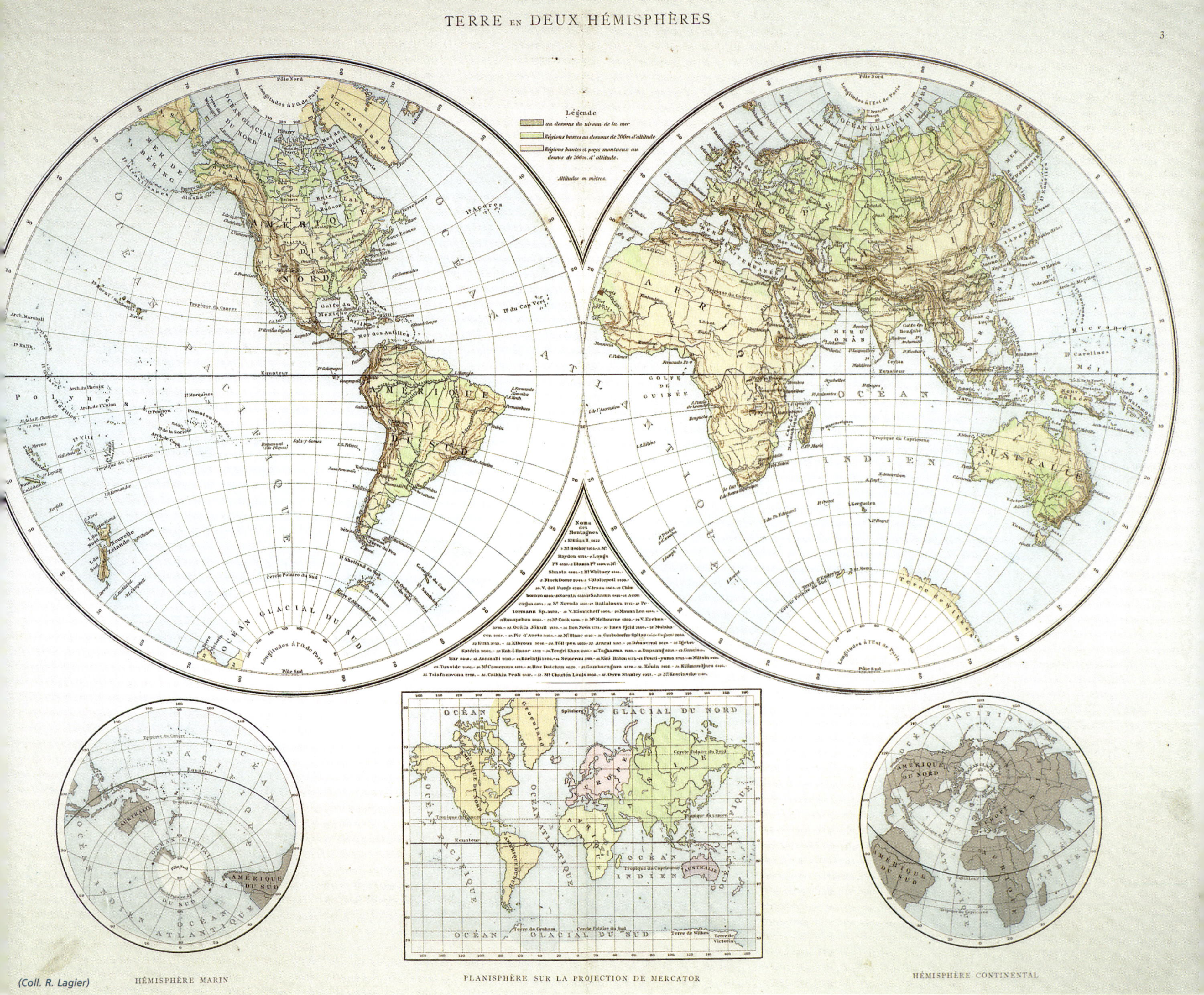

(Coll. R. Lagier)

Cette carte et celles qui suivent sont toutes contemporaines de Jules Verne et sont extraites de *Les Capitales du Monde*, Librairie Hachette et Cie, 1896 ; *Le Tour du Monde*, journal des voyages et des voyageurs, Hachette et Cie, 1896. *(coll. R.Lagier et coll. particulière)*

Par ailleurs, il semble que Jules Verne ait toujours énormément lu entre autres des récits de voyages, des « robinsonnades ». Très tôt également, au moins à l'âge de dix-huit ans, il a songé à une carrière littéraire, tout en suivant, selon les désirs de son père, des études de droit. Pour ce faire, il se rend à Paris en 1847, avant de s'y installer par la suite. Il a déjà un fond de culture important et semble particulièrement attiré par le théâtre, passion qui ne le quittera jamais. Sa première pièce, *Alexandre VI,* date de 1847 et est très marquée par l'influence de Hugo et du romantisme (vers la même époque, Verne avait commencé un roman inachevé, *Un prêtre en 1839,* se situant à Nantes et en partie inspiré par *Notre-Dame de Paris*). Curieusement, on trouve dès ce premier drame une allusion à un volcan, sous forme métaphorique (le pape comparé à un volcan proche de l'éruption).

Plus curieux encore, en 1849, une comédie, intitulée *Une promenade en mer,* est comme une toute première ébauche des futurs *Voyages,* avec notamment l'allusion par un personnage à un bateau en dérive avec son équipage qui sombrerait dans le cannibalisme. Mais l'idée était dans l'air du temps.

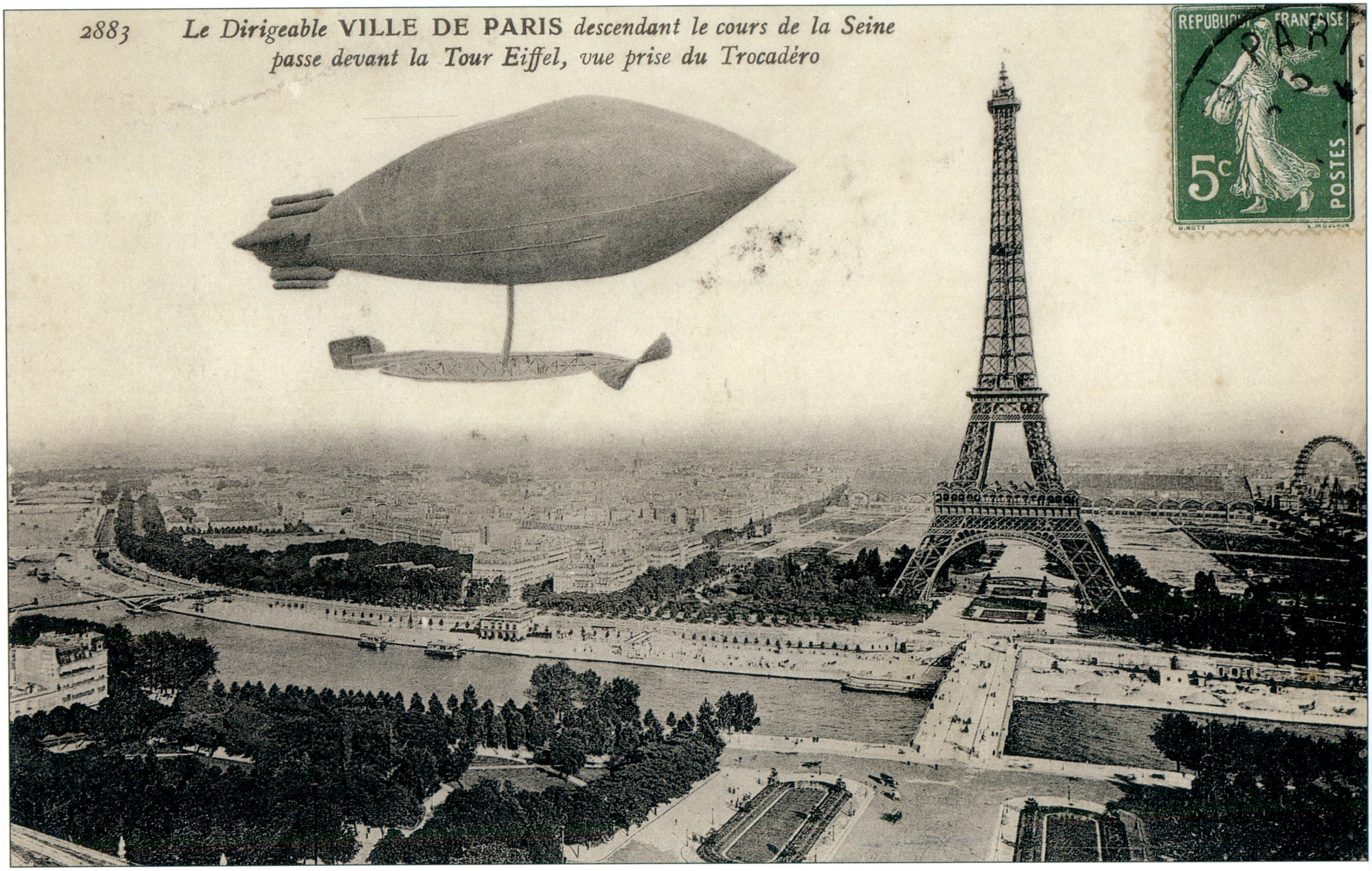

Quittant Nantes en 1848 pour Paris, étape trop souvent négligée s'agissant de ses sources d'inspiration. Jules Verne y fit son apprentissage littéraire, y écrivant la plupart de ses pièces, plusieurs de ses nouvelles et ses tout premiers romans, dont *Paris au xxe siècle*. L'image ci-contre représente une vision étonnante de Paris s'élevant vers l'espace avec sa tour Eiffel (inaugurée en 1889), celle-ci servant de point de mire, de balise aérienne à un dirigeable. *(Coll. M. Sclaresky)*

Jules Verne a écrit entre 1847 et 1861 un grand nombre de pièces (drames, comédies, pièces lyriques) dont peu seront jouées de son vivant et auxquelles, souvent, on ne peut attribuer une date certaine de composition. Ce sera la même chose pour les nouvelles écrites durant cette période, dont un grand nombre ne furent pas publiées de son vivant. Là aussi, nous avons droit à une extrême diversité : le récit historique, le conte fantastique, le récit de voyage et la farce satyrique. Ses influences vont, pour le théâtre, de Victor Hugo à Alexandre Dumas. S'agissant des nouvelles et des romans inachevés, on trouve la trace des lectures d'Hoffmann, de Feminore Cooper et de Walter Scott. L'année 1850 est cruciale pour Verne. D'abord, pour la première fois de sa vie, une de ses œuvres est jouée et éditée : *Les Pailles rompues,* un vaudeville, apparemment écrit en collaboration avec Alexandre Dumas fils : tous deux ont sympathisé l'année précédente. Puis, Jules Verne se retrouve sous contrat avec Pitre-Chevallier, propriétaire de la revue *Musée des Familles.* Outre des articles à caractère scientifique qui semblent dater son attirance dans ce domaine (il fait connaissance à la même époque avec les frères Arago), Verne publie en 1851 *Les Premiers Navires de la marine mexicaine,* une nouvelle qui se situe en Amérique du Nord et qui nous montre cette fois un véritable volcan… dont le rôle semble être d'illustrer la malédiction dont sont victimes les personnages maléfiques de ce récit. La même année est publié également *Un voyage en ballon.* Ces deux nouvelles abordent bien entendu le thème du voyage, mais aussi celui de la folie. Il est intéressant de constater que chaque fois l'itinérance est prétexte surtout à présenter *une façon de voir* plutôt que la réalité d'un site. Les voyages de Verne, loin de se dérouler sous une forme réaliste, se rapprochent plutôt du fantastique.

Maître Zacharius, publié dans le *Musée des familles* en 1854, confirme cette attirance pour le genre fantastique, proche, ici, d'Hoffmann ; tandis qu'en 1855, *Un hivernage dans les glaces,* qui atteint pratiquement les dimensions d'un roman, met pour la première fois en scène les contrées polaires, lieux de tous les possibles. Cette nouvelle est véritablement un prélude aux *Voyages extraordinaires.* En 1859, Jules Verne va effectuer un voyage avec son ami Aristide Hignard, le musicien qui rédige les partitions de ses pièces lyriques : voyage aux conséquences multiples. Après quelques péripéties au moment du départ de Nantes, sans cesse retardé, ils traversent l'Angleterre, puis visitent en quelques jours l'Ecosse avant de se retrouver à Londres. Jules Verne a établi un récit de ce périple, intitulé *Voyage en Angleterre et en Ecosse,* qui ne sera publié que cent trente ans plus tard !

JULES VERNE

Il semble que l'écrivain ait été profondément marqué par le contraste entre les cités industrielles, telle Liverpool, et le paysage écossais ; mais aussi par les écarts entre la vision littéraire que l'on se faisait de l'Ecosse (notamment du fait des romans de Walter Scott) et certaines réalités sur le terrain. A partir de là, aux côtés des deux grands thèmes de la science et du voyage qui ont marqué l'œuvre vernienne, et en s'appuyant sur le genre fantastique, Verne va mettre en présence deux aspects du monde : d'un côté, le lieu en pleine dégradation, celle-ci étant due au paupérisme ou à la pollution, qui représente notre réalité historique ; de l'autre, le site enchanteur, le domaine paradisiaque, prompt à favoriser le talent créatif de l'écrivain, qui, parfois, illustre un passé révolu, mais plus particulièrement un monde fantasmagorique qui se défendrait contre l'emprise humaine.
Et, toujours, l'omniprésence de la mort, de la souffrance, des corps en perdition, accompagnant ces voyages au bout de l'enfer… mais au-delà duquel peut se trouver l'oasis paradisiaque. Ainsi inspiré, Verne est désormais équipé pour se lancer dans un cycle étourdissant.

Caricature de Jules Verne par Gill.
(Bibliothèques d'Amiens Métropole - Coll. Jules Verne)

L'eau est l'élément essentiel pour l'évasion. *(Illustration de Benett) (BM Nantes)*

L'Île de Skye. L'Écosse est l'un des pays les plus cités dans l'œuvre de Jules Verne, fondamentale pour la mise en place de son imaginaire. *(Cliché H. Bancaud)*

Tous les continents apparaissent dans les *Voyages extraordinaires*. Ci-contre, vue de La Valette (Île de Malte). Comme ses contemporains, Jules Verne est fasciné par la Méditerranée.
(Coll. Benikhlef)

Création d'un Cycle

Si Verne dispose déjà d'éléments créatifs, il semble avoir du mal à se trouver un *cadre* dans lequel inscrire ces thèmes constitutifs. Deux éléments, deux lectures essentielles, peut-on dire, vont précipiter l'invention (ou, pour être plus précis, la systématisation) d'un genre nouveau : d'une part, la découverte de l'œuvre d'Edgar Poe, traduite depuis quelques années par Charles Baudelaire. Le savant mélange entre le scientifique, le fantastique et le récit de périples fait l'admiration de Verne qui va même rédiger en 1864 pour le *Musée des Familles* un long article sur Poe ; d'autre part,

L'image traditionnelle de la Japonaise.
(Coll. Estelle Cantaloube)

Le temple de Bénarès.
(Ch. Le Corre)

Les forgerons. — Ounyamouézi. — Dessin de Émile Bayard.

Le Tour du monde, 1864,
1er semestre. (Coll. Ch. Le Corre)

la lecture d'articles sur les expéditions en Afrique, plus particulièrement celle de Burton et Speke, partis à la recherche des sources du Nil. Cette multitude d'impressions fortes ressenties avec la découverte de l'œuvre de Poe et des récits des expéditions des deux grands aventuriers va conduire à l'écriture de *Cinq Semaines en ballon*, en 1862 ; le manuscrit est proposé à divers éditeurs, dont Hetzel qui va rapidement l'accepter et le publier. L'éditeur est convaincu de l'originalité de ce type de roman ; et assez vite s'impose l'idée de publier d'autres œuvres dans la continuité de *Cinq Semaines en ballon*. Il faut se rappeler que Hetzel a participé à l'édition de *La Comédie humaine*. La notion de cycle romanesque lui est familière. Celui qu'il met en place avec Verne a rapidement un titre : « Voyages dans des mondes connus et inconnus ». L'affaire est lancée.

Paysage canadien aux environs de Vancouver. Le Canada est une étape essentielle des *Voyages*. *(Coll. Benikhlef)*

Un autre pays qui revient fréquemment dans le cycle ; l'Australie et son désert. *(Cliché B. Colliot)*

Il s'agira, comme le confirmera par la suite une préface signée Hetzel, de mêler la science et la géographie, le compte rendu du réel et des aventures extraordinaires. Ainsi, durant la première décennie du cycle, les héros verniens iront au pôle Nord, sous terre, sous la mer, autour de la Lune et feront à plusieurs reprises le tour du monde. En 1866, lors de la réédition des *Voyages et aventures du capitaine Hatteras,* deuxième roman de Jules Verne à être édité [1], le cycle trouve son nom définitif : *Les Voyages extraordinaires,* manière plus ou moins consciente d'officialiser la filiation avec les *Nouvelles extraordinaires* d'Edgar Poe. Le succès de la série l'est aussi, extraordinaire : plusieurs dizaines de milliers d'exemplaires vendus. On comprend que Hetzel ait toujours souhaité que la recette soit maintenue. En fait, elle va s'émousser dès la deuxième décennie. Ce qui ne veut pas obligatoirement dire que Verne sera en panne d'inspiration : simplement, l'extraordinaire devenant difficile à trouver, il présentera de l'étonnant, parfois du déroutant. Mais il ne cessera jamais d'écrire et ses thèmes récurrents dépasseront largement les cadres de la science et des explorations.

1. Jules Verne a auparavant écrit un autre roman, *Paris au XX*[e] *siècle*, refusé par Hetzel et qui ne sera édité qu'un siècle plus tard !

La méthode d'écriture de Jules Verne est toujours la même : il sépare la feuille en deux, écrivant à gauche le premier jet et à droite laissant une marge pour les corrections. *(BM Nantes)*

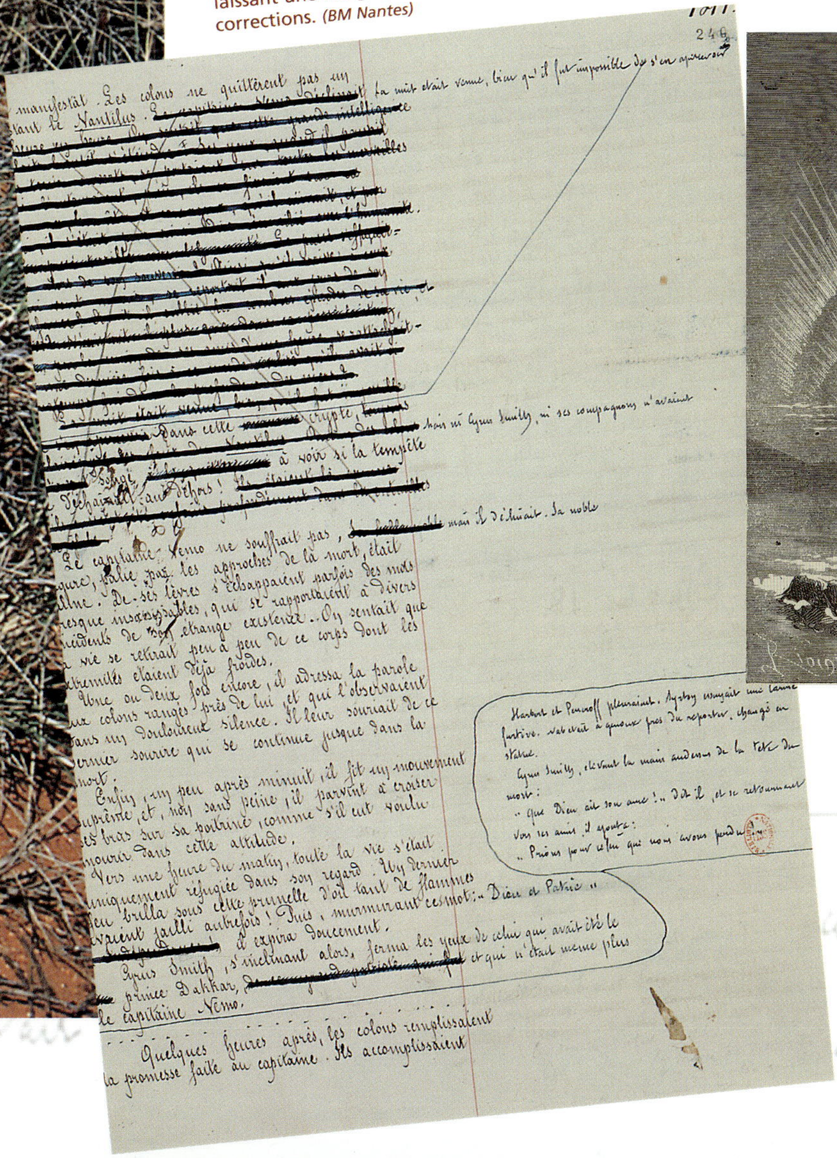
Le capitaine Nemo ne souffrait pas, ... était
... pâlie par les approches de la mort, était
... De ses lèvres s'échappaient parfois des mots
presque insaisissables, qui se rapportaient à divers
incidents de son étrange existence. On sentait que
la vie se retirait peu à peu de ce corps dont les
extrémités étaient déjà froides.
Une ou deux fois encore, il adressa la parole
aux colons rangés près de lui, et qui l'observaient
dans un douloureux silence. Il leur souriait de ce
dernier sourire qui se continue jusque dans la
mort.
Enfin, un peu après minuit, il fit un mouvement
suprême, et, non sans peine, il parvint à croiser
ses bras sur sa poitrine, comme s'il eut voulu
mourir dans cette attitude.
Vers une heure du matin, toute la vie s'était
uniquement réfugiée dans son regard. Un dernier
feu brilla sous cette prunelle d'où tant de flammes
avaient jailli autrefois ! Puis, murmurant ces mots : « Dieu et Patrie »
il expira doucement.
Cyrus Smith, s'inclinant alors, ferma les yeux de celui qui avait été le
prince Dakkar, et qui n'était même plus
le capitaine Nemo.
Quelques heures après, les colons remplissaient
la promesse faite au capitaine. Ils accomplissaient

Les descriptions de Verne, si elles ne sont pas forcément éloignées d'une réalité, ont d'abord pour but de mettre en place un imaginaire. Ici, une aurore boréale dans *Voyage et aventures du Capitaine Hatteras.* *(Illustration de Henri de Montaut)* *(BM Nantes)*

Des objets de

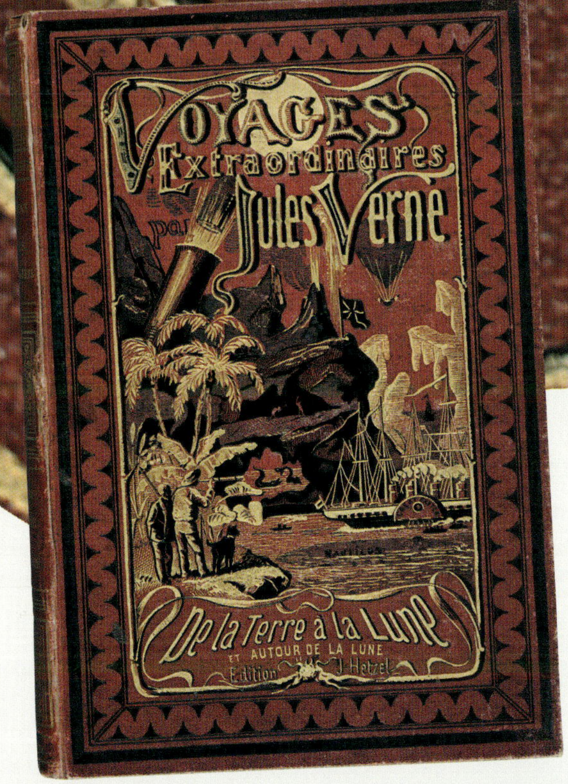

Cartonnage dit *à l'obus* de *De la Terre à la Lune / Autour de la Lune.* (BM Nantes)

Les *Voyages extraordinaires* connaissent en général trois étapes dans leur publication :

- **L'édition préoriginale** : c'est de ce nom qu'on appelle la publication, dans une revue, d'une œuvre, avant que celle-ci ne paraisse en volume. S'agissant des *Voyages*, cette première publication a toujours lieu en feuilleton. Le plus souvent, c'est la revue de Hetzel, le *Magasin d'Education et de Récréation*, qui a la primeur des textes verniens. Elle fut créée en 1864 par Hetzel en collaboration avec Jean Macé. Cette revue étant d'abord destinée à un public jeune, Jules Verne et Hetzel sont obligés d'en tenir compte dans leur relecture du texte : l'idée d'un Jules Verne auteur pour enfants n'est donc pas fausse, elle mérite simplement d'importantes nuances. La première remarque qu'on puisse faire à ce sujet, c'est que certains textes jugés trop violents (tel *Le Chancellor*) seront proposés à des journaux (*Le Temps* et le *Journal des Débats* principalement) qui assureront le relais.

Affiche publicitaire des éditions Hetzel. Editeur habile et varié, Hetzel est le premier à éditer des livres pour la jeunesse comportant des illustrations. Il crée (en collaboration avec Jean Macé) *Le Magasin d'Education et de Récréation*, ainsi que la Petite Bibliothèque Blanche. Le principe d'Hetzel est d'offrir à un prix réduit des livres de qualité, tant pour l'illustration que pour l'impression. (Coll. Ch. Le Corre)

Cartonnage dit *floral* du *Tour du monde en quatre-vingts jours.* (BM Nantes)

Cartonnage dit *à une tête d'éléphant - Voyage extraordinaire dans l'éventail* de *Vingt Mille Lieues sous les mers.* (BM Nantes)

rêve

Il arrivera fréquemment aussi, étant donné le rythme effréné d'écriture de Verne, que le *Magasin d'Education et de Récréation* ne suffise plus pour cette publication préoriginale.

- **L'édition originale** : c'est donc la première édition en volume. S'agissant des *Voyages extraordinaires,* elle se fait en petit format in-18, sans illustration (une exception : *Claudius Bombarnac,* édité directement en grand format illustré). Précisons que le nombre 18 correspond au pliage de la feuille d'imprimerie. Plus le nombre est important, plus le résultat final de ce pliage aboutit à un petit format. Cette édition est en un ou deux volumes, selon la longueur des romans de Verne. Celui-ci est censé écrire des volumes de taille à peu près identique (environ 300 pages sans illustration). L'absence d'image et le cartonnage simple devaient permettre de maintenir un prix bas. Les collections Hetzel pouvaient ainsi s'adresser à toutes les bourses.
- **L'édition in-8** : c'est l'édition grand format, avec les illustrations, qui reste encore aujourd'hui la plus célèbre et dont s'est inspirée notamment la maison Hachette lorsqu'elle a réédité dans les années 1970 les *Voyages extraordinaires* dans ses volumes rouges.

Les cartonnages des éditions in-8 sont célèbres et attirent depuis longtemps les collectionneurs. Les décrire tous, avec leurs particularités, demanderait un ouvrage complet. Pour faire simple, voici quelques-uns des types les plus célèbres.

Cartonnage dit *au ballon* de *L'Ile mystérieuse.* *(BM Nantes)*

Cartonnage dit *au portrait* de *Michel Strogoff.* *(BM Nantes)*

Cartonnage dit *au steamer* des *Histoires de Jean-Marie Cabidoulin.* *(BM Nantes)*

Problèmes éditoriaux

Jules Verne, comme d'ailleurs la majeure partie des écrivains du XIXe siècle, avait un rythme d'écriture assez étourdissant, étant capable de rédiger plusieurs volumes la même année, tout en s'occupant d'autres activités (nouvelles pour des journaux, ouvrages géographiques, romans à adapter au théâtre, plus ses obligations en tant que conseiller municipal d'Amiens). Si bien qu'à partir des années 1890, un écart commence à se produire entre le moment où Jules Verne termine de rédiger un de ses *Voyages extraordinaires*, puis l'expédie à son éditeur, et celui où le roman est publié en feuilleton.

Caricature de Jules Verne par Gill. *(Bibliothèques d'Amiens Métropole - Coll. Jules Verne)*

Maison d'Amiens où Jules Verne écrivit la plupart de ses œuvres. — *Phot. Douard.*

Un écart qui peut aller jusqu'à dix ans et qui s'explique par le fait que la maison Hetzel va commencer à diminuer le nombre de volumes édités dans l'année. Par ailleurs, Hetzel fils (le père meurt en 1886) ne va pas forcément suivre l'ordre dans lequel l'écrivain lui expédie ses manuscrits. Ainsi, *En Magellanie* s'achève par la construction d'un phare qui réapparaît par la suite dans *Le Phare du bout du monde*. Mais Hetzel fils va publier *Le Phare du bout du monde* en premier !

Lorsque Verne meurt en 1905, six de ses romans restent à éditer : *La Chasse au météore*, *Le Beau Danube jaune*, *En Magellanie*, *Le Phare du bout du monde*, *Le Volcan d'or* et *Le Secret de Wilhelm Storitz*. L'écrivain avait l'habitude d'apporter ses corrections sur les premières épreuves imprimées : si, donc, ces œuvres sont achevées dans le sens où les histoires sont complètes, elles sont néanmoins imparfaites, car non revues et corrigées. Toutefois, elles auraient pu être éditées telles quelles mais Hetzel fils préféra charger Michel Verne, le fils de Jules, des corrections que n'avait pu faire son père. Or, Michel ne va pas hésiter à remanier entièrement certains de ces romans !

Le temple d'Hercule dans *Vingt-Mille lieues sous les mers*. *(Illustration de Rioux) (BM Nantes)*

◀ **La maison de Jules Verne à Amiens.** *(Coll. Ch. Le Corre)*

▲ **La butte Sainte-Anne accueille aujourd'hui le musée Jules Verne.** *(Cliché E. Milteau)*

Frontispice du *Tour du monde en quatre-vingts jours.* *(Illustration de Benett) (BM Nantes)*

Ainsi, *En Magellanie* devient *Les Naufragés du Jonathan* et la seconde moitié du roman change totalement de sens. *Le Beau Danube jaune* est transformé en *Pilote du Danube* et subit aussi d'importantes transformations. Quant au *Secret de Wilhelm Storitz,* il change de fin… et même de siècle ! (Michel le transpose au XVIIIe siècle sur la demande de l'éditeur… mais oublie de transposer les moyens de locomotion et la manière de vivre, ce qui donne des résultats assez surprenants !). Jules Verne avait également laissé un roman inachevé, *Voyages d'études* [1]. Michel modifia considérablement le texte, lui donna une suite et un nouveau titre : *L'Etonnante Aventure de la Mission Barsac.* Michel a également rédigé et publié un roman, *L'Agence Thomson and C°*, sous le nom de son père. Si ces romans prouvent que Michel Verne avait un véritable talent d'écrivain, il n'en reste pas moins qu'ils n'ont pas leur place ici. Depuis une décennie, la Société Jules Verne (sous l'impulsion de son président Olivier Dumas) a réédité ces six romans, cette fois à partir des manuscrits de Jules Verne. Par ailleurs, Piero Gondollo della Riva a retrouvé la fiche de travail de l'écrivain, ce qui permet de dater de façon précise la rédaction des derniers *Voyages extraordinaires.*

C'est donc une présentation des *Voyages extraordinaires* dans l'ordre chronologique de leur *rédaction,* et dans leur version *originale,* qui est proposée au lecteur dans les pages qui suivent.

1. La Bibliothèque municipale de Nantes a publié ce texte dans l'ouvrage *Jules Verne, San Carlos et autres récits inédits*, Paris, Le Cherche Midi éditeur, 1993.

Cinq semaines en ballon

Rédigé en 1862. Edité chez Hetzel en janvier 1863.

L'HISTOIRE.

Le docteur Fergusson décide de parcourir l'Afrique d'est en ouest. Il compte effectuer ce voyage en ballon, accompagné de son serviteur Joe et de son ami Kennedy, lequel se montre peu enchanté par cette perspective.

COMMENTAIRE.

Ce roman a apporté à Jules Verne, pour sa trente-quatrième année, le succès et la gloire. L'une des principales raisons de cette réussite est sans doute cette combinaison habile consistant à associer un voyage dans un lieu mythique avec un procédé scientifique inédit pour faire voler un ballon ; à associer le réel et le mythe, l'anticipation et l'épique, ceci avec un rare talent. Verne utilise l'arme de la vraisemblance au service de l'imagination, se référant à des explications scientifiques pour justifier la bonne marche du ballon, et aux résultats de véritables expéditions, notamment celle de Burton et de Speke, pour valider le projet du docteur Ferguson. Celui-ci va partir sur les traces de ses prédécesseurs, mais aller beaucoup plus loin qu'eux. Comme pour le *Voyage en Angleterre et en Ecosse,* c'est principalement à partir du regard des trois protagonistes que nous voyons défiler… une *certaine* Afrique. Il y a bien sûr les « inévitables » : descriptions de villes et de montagnes, observations de tribus et d'animaux. Verne, tout au long de cet apparent reportage, ne cesse d'ailleurs de multiplier des signes littéraires pour rappeler que tout imaginaire provient d'autres récits (les anecdotes, réelles ou inventées, de voyages précédents) et d'écritures de toutes sortes : articles de journaux, listes, discours du docteur, initiales d'un autre voyageur gravées sur le roc de l'île Benga, jusqu'au procès-verbal final signé des trois héros et devant figurer dans les archives de la Société géographique de Londres.

Mais Verne aime aussi montrer que le monde sur lequel on écrit n'est pas figé et que le commentaire peut être faussé à tout moment : d'où les éruptions de volcan, les villes incendiées, les mirages ; les *Voyages extraordinaires* ne vont cesser de mettre en images des phénomènes naturels indiquant un théâtre du monde en mouvement perpétuel.

L'arrivée du ballon aux cataractes de Gouina.
Les chutes sont une image récurrente dans les *Voyages*, comme sources d'un potentiel énergétique naturel, mais également pour leur rôle à la fois de point d'émergence et d'aboutissement d'un parcours fluvial : le thème de la disparition et de la résurgence y est fortement rattaché. *(Illustration de Riou) (BM Nantes)*

(Coll. R. Lagier)

Amazones, guerriers et féticheurs dahoméens
DU JARDIN D'ACCLIMATATION

EXTRAIT.
Suite à un affrontement avec des indigènes, le ballon se vide de son gaz alors que les voyageurs atteignent le fleuve Sénégal.

En cet endroit, le fleuve faisait entendre un mugissement prolongé ; arrivé sur les bords, Fergusson reconnut les chutes de Gouina ! Pas une barque sur la rive ; pas un être animé.
Sur une largeur de deux mille pieds, le Sénégal se précipitait d'une hauteur de cent cinquante, avec un bruit retentissant. Il coulait de l'est à l'ouest, et la ligne de rochers qui barrait son cours s'étendait du nord au sud. Au milieu de la chute se dressaient des rochers aux formes étranges, comme d'immenses animaux antédiluviens pétrifiés au milieu des eaux.
L'impossibilité de traverser ce gouffre était évidente ; Kennedy ne put retenir un geste de désespoir.
Mais le docteur Fergusson, avec un énergique accent d'audace, s'écria :
« Tout n'est pas fini ! »

Amazones, guerriers et féticheurs dahoméens.
(Coll. Ch. Le Corre)

Voyages et aventures du capitaine HATTERAS

Rédigé à partir de 1863. Publié en feuilleton dans le Magasin d'Education et de Récréation de mars 1864 à décembre 1865. Edité chez Hetzel en mai 1866 (avec, pour la première fois, le terme générique : Voyage extraordinaire).

Les membres de l'expédition se réchauffent tant bien que mal autour du poêle. *(Illustration de Henri de Montaut) (BM Nantes)*

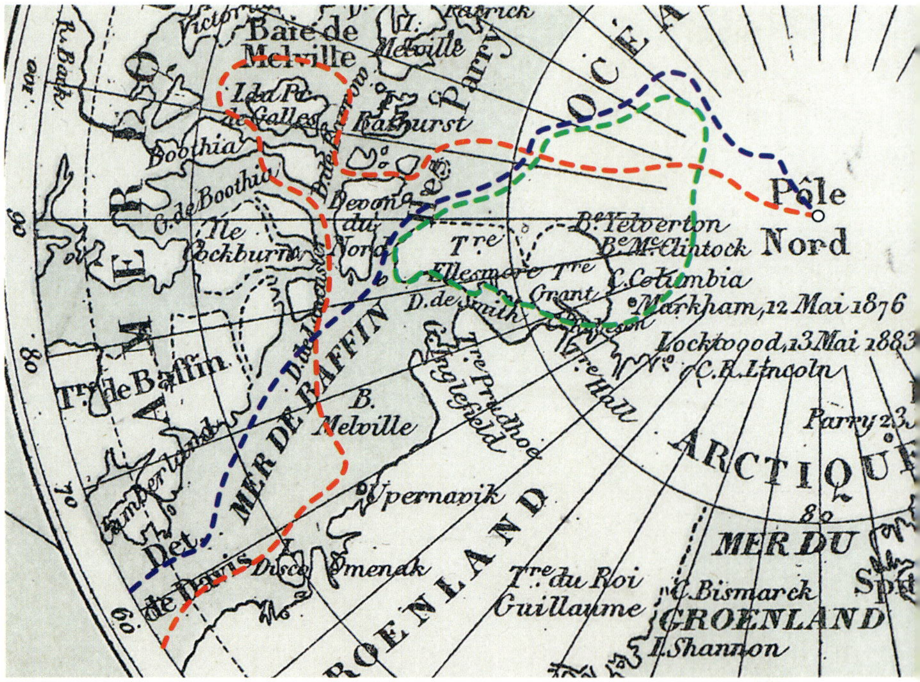

Aller ; Retour ; Terres Imaginaires *(Coll. R. Lagier)*

L'histoire.

L'officier de marine Richard Shandon, le docteur Clawbonny et tout un équipage partent en direction de l'Arctique sous les ordres d'un capitaine mystérieux qui correspond avec eux par l'intermédiaire de lettres. Le capitaine Hatteras ne fera connaître son identité qu'au cours de ce terrible voyage dont le but est la découverte du pôle Nord. Leur navire étant bloqué dans les glaces, les membres de l'expédition doivent hiverner. Hatteras, Clawbonny et deux autres hommes traversent à pied une partie du pôle.

Commentaire.

Dans ce deuxième roman du cycle, on voyage à nouveau sur les traces d'autres explorateurs, réels, et on retrouve un savant chargé, comme le docteur Fergusson, de fournir au lecteur les explications scientifiques. Toutefois, ce *Voyage extraordinaire* offre déjà d'importantes différences avec le premier.
Tout d'abord, loin de former un bloc compact, les membres de l'équipage s'affrontent : d'un côté Richard Shandon, de l'autre Hatteras. De façon plus générale, nous assistons au dur contact de ces hommes avec une nature d'une extraordinaire beauté, mais recelant mille pièges et connaissant des conditions climatiques redoutables. A l'inverse de tant de paradis verniens, cette banquise arctique

ne peut fournir d'aliments ou de matières premières aux Anglais. Par ailleurs, au contraire de l'Afrique du roman précédent, dans l'ensemble plutôt *véridique*, cet univers de glaces offre peu de données géographiques fiables. Là n'est pas son rôle dans ce roman.

Très vite, l'Arctique se présente comme une sorte de chef-d'œuvre de la nature, mi-fantastique, mi-féerique, avec ses aurores boréales et ses glaciers en forme de minarets ou de village suisse. Fréquemment, le marin Johnson et le docteur Clawbonny nous offrent un commentaire enthousiaste de ces vues.

Des images et des illustrations féeriques pour l'un des romans les plus oniriques de Verne. La traversée d'un site par une multitude d'animaux revient fréquemment dans les *Voyages*. *(Illustration de Henri de Montaut) (BM Nantes)*

Extrait.

Les voyageurs accèdent à la région arctique et découvrent les premiers icebergs.

« Ah ! c'est véritablement un spectacle curieux, s'écria le docteur en contemplant ces merveilles des mers boréales, et l'imagination est vivement frappée par ces tableaux divers !

- Sans doute, répondit Johnson ; les glaçons prennent parfois des formes fantastiques, et nos hommes ne sont pas embarrassés pour les expliquer à leur façon.

- Tenez, Johnson, admirez cet ensemble de blocs de glace ! Ne dirait-on pas une ville étrange, une ville d'Orient avec ses minarets et ses mosquées sous la pâle lueur de la lune ? Voici plus loin une longue suite d'arceaux gothiques qui nous rappellent la chapelle d'Henri VIII ou le palais du Parlement.

- Vraiment, monsieur Clawbonny, il y en a pour tous les goûts ; mais ce sont des villes ou des églises dangereuses à habiter, et il ne faut pas les ranger de trop près. Il y a de ces minarets-là qui chancellent sur leur base, et dont le moindre écraserait un navire comme le Forward. »

L'ours blanc est l'une des principales menaces qui guettent les explorateurs polaires des *Voyages extraordinaires*. Aujourd'hui, ce sont malheureusement ces animaux qui sont menacés d'extinction.
Extrait de Dix siècles de pêche à la baleine, *paru aux Éditions Ouest-France (Coll. R. Dantec)*

La rivalité qui oppose dans le roman l'Anglais Hatteras et l'Américain Altamont ne reflète que trop la réalité, parfois même entre explorateurs d'une même nation. Ci-contre, la compétition entre Cook et Peary, vue par *Le Petit Journal* en septembre 1909, soit cinquante-cinq ans après le voyage imaginé par Verne.
Extrait de Sur les traces des grands marcheurs, *paru aux Éditions Ouest-France. Le Petit Journal, 1909. (Coll. R. Dantec)*

L'une des grandes omissions (volontaire ?) du roman de Jules Verne est la présence des Inuit. Jean Malaurie, au contraire, leur a consacré la plus grande part de ses observations au cours de ses nombreux voyages sur les terres arctiques. Ici, Jean Malaurie et son compagnon Awa rencontrent un autre Eskimau en avril 1961. Le grand explorateur, premier européen à avoir atteint le pôle géomagnétique nord et deuxième homme dans l'histoire après l'américain Robert Edwin Peary en 1896, a dit dans l'un de ses ouvrages que « l'imagination "polaire" de Jules Verne recrée dans ce livre [Hatteras] une réalité assez souvent semblable à celle que je découvre » !
(Cliché Jean Malaurie)

Pour le docteur Clawbonny, toute terre, y compris l'Arctique, peut devenir habitable. Par sa seule haleine, l'homme peut modifier son environnement, le rendre salubre. Encore faut-il survivre à cet environnement d'origine et pour cela, non seulement faire preuve de capacités physiques exceptionnelles, mais aussi d'une force morale et d'une sensibilité artistique développée : celle-ci rend apte Clawbonny, celui qui remplit le mieux ces conditions, à s'émerveiller du monde qui l'entoure ; faisant marcher son imagination dans le clos réduit où il doit hiberner, il parvient à résister moralement, allant jusqu'à imaginer une nouvelle forme d'architecture des glaces ainsi que des spectacles de théâtre dans leur abri.

Pourtant, l'optimisme de Clawbonny est largement contredit par les événements. D'abord, cet univers blanc, s'il fait ressortir parfois chez l'homme ce qu'il a de meilleur, réveille bien plus souvent ses pires instincts. Ainsi, l'esprit guerrier, compétitif, dévastateur et finalement autodestructeur ne cesse d'être mis en valeur dans ce roman, que ce soit avec les affrontement entre Shandon et Hatteras ou, plus tard, la compétition stérile entre Anglais et Américains. Shandon et ses hommes se dévoreront entre eux (les cannibales de *Cinq Semaines en ballon* n'ont plus de leçon à recevoir) tandis qu'Hatteras deviendra fou. Toute cette extraordinaire tension déjà mise en action dans les deux premières nouvelles, *Les Premiers Navires de la marine mexicaine* et *Un voyage en ballon* resurgit ici avec une extraordinaire force. Le danger représenté par les ours blancs ou par la nature en mouvement ne sont jamais que des échos de cette férocité qui est en l'homme. Clawbonny, certes, garde toujours sa dignité, ses capacités intellectuelles et physiques, son intégrité : mais Clawbonny est bien seul : il est trop visiblement messager de la parole de l'écrivain.

Le pôle Nord selon Jules Verne : une île volcanique.
(Illustration de Riou) (BM Nantes)

◄ Vision hallucinée d'un paradis polaire.
(Illustration de Riou) (BM Nantes)

Extrait.

Les derniers survivants de l'expédition accèdent enfin à la mer libre. Un spectacle merveilleux se dresse face à eux :

Plus au fond, les baleinoptères au museau pointu, les anarnacks groënlandais allongés et noirâtres, les cachalots géants, espèce répandue au sein de toutes les mers, nageaient au milieu des bancs d'ambre gris, ou se livraient à des batailles homériques qui rougissaient l'Océan sur une surface de plusieurs milles ; les physales cylindriques, le gros tegusik du Labrador, les dauphins à dorsale en lame de sabre, toute la famille des phoques et des morses, les chiens, les chevaux, les ours marins, les lions, les éléphants de mer semblaient paître les humides pâturages de l'Océan, et le docteur admirait ces animaux innombrables aussi facilement qu'il eût fait des crustacés et des poissons à travers les bassins de cristal du Zoological-Garden.

Quelle beauté, quelle variété, quelle puissance dans la nature ! Comme tout paraissait étrange et prodigieux au sein de ces régions circumpolaires !

L'atmosphère acquérait une surnaturelle pureté ; on l'eût dite surchargée d'oxygène ; les navigateurs aspiraient avec délices cet air qui leur versait une vie plus ardente ; sans se rendre compte de ce résultat, ils étaient en proie à une véritable combustion, dont on ne peut donner une idée, même affaiblie ; leurs fonctions passionnelles, digestives, respiratoires, s'accomplissaient avec une énergie surhumaine ; les idées, surexcitées dans leur cerveau, se développaient jusqu'au grandiose : en une heure, ils vivaient la vie d'un jour entier.

Voyage au centre de la Terre

Rédigé en 1864.
Edité chez Hetzel en novembre 1864.

Ayant atteint le centre de la Terre, nos voyageurs vont ressortir de la façon la plus inattendue par l'Etna !
Le Petit Journal, *1891-92*
(Coll. Ch. Le Corre)

Le Petit Journal

SUPPLÉMENT ILLUSTRÉ

Huit pages : CINQ centimes

TOUS LES VENDREDIS
Le Supplément illustré
5 Centimes

TOUS LES JOURS
Le Petit Journal
5 Centimes

Numéro 88

Troisième Année

SAMEDI 30 JUILLET 1892

L'ÉRUPTION DE L'ETNA

L'histoire.

Le professeur Otto Liddenbrock parvient à décrypter le mystérieux message d'un alchimiste du nom d'Arne Saknussem, lequel aurait atteint le centre de la Terre à partir du Sneffels, un volcan islandais. Liddenbrock décide de partir sur ses traces, accompagné de son neveu Axel.

« Je m'imaginais voyager à travers un diamant », déclare le jeune narrateur. Ce n'est pas un regard scientifique, mais bien plutôt celui d'un extraordinaire poète, qui nous fait traverser les entrailles de la Terre. (Illustration de Riou) (BM Nantes)

Extrait.

Nous assistons au début de la descente des trois compagnons dans les souterrains de la Terre, à partir du volcan.

La pente de cette nouvelle galerie était peu sensible, et sa section fort inégale. Parfois une succession d'arceaux se déroulait devant nos pas comme les contre-nefs d'une cathédrale gothique. Les artistes du Moyen Age auraient pu étudier là toutes les formes de cette architecture religieuse qui a l'ogive pour générateur. Un mille plus loin, notre tête se courbait sous les cintres surbaissés du style roman, et de gros piliers engagés dans le massif pliaient sous la retombée des voûtes. A de certains endroits, cette disposition faisait place à de basses substructions qui ressemblaient aux ouvrages des castors et nous nous glissions en rampant à travers d'étroits boyaux.

La chaleur se maintenait à un degré supportable. Involontairement je songeais à son intensité, quand les laves vomies par le Sneffels se précipitaient par cette route si tranquille aujourd'hui. Je m'imaginais les torrents de feu brisés aux angles de la galerie et l'accumulation des vapeurs surchauffées dans cet étroit milieu !

La descente du Sneffels, le grand volcan islandais.
(Illustration de Riou) (BM Nantes)

Commentaire.

Ce roman (l'un des plus célèbres de Jules Verne, également l'un des plus étudiés par les chercheurs) présente un genre de voyage, le souterrain, qui va devenir fréquent dans le cycle (mais qui était déjà très à la mode depuis une cinquantaine d'années). Le récit est rédigé à la première personne par Axel, jeune neveu du savant, être extrêmement naïf et pas forcément aventureux au début du voyage. Mais il va se métamorphoser au cours du récit : l'adolescent timoré devient homme d'action et même de décision.

En dépit des apparences, ce roman n'a rien de scientifique : tout ce qui nous est décrit dans les galeries des entrailles de la Terre est pure fantaisie, ou plutôt pure poésie. L'ensemble du roman fait songer à une remontée dans le temps (les souterrains évoquent l'architecture du Moyen Age et la caverne aboutit à un domaine où vivent encore des créatures « préhistoriques »). Mais on assiste également à la création d'un espace préservé (comme précédemment le pôle Nord), surgi subitement du passé au détour d'une galerie : un lieu avec un air particulièrement pur et vivifiant et dans lequel ce monde préhistorique est étonnamment préservé. On ne peut s'empêcher de songer aux actuelles recherches de la science, laquelle, en prélevant aux fins fonds des océans et des glaces du pôle Sud des calottes de sédiments, libère et découvre des traces de ce qui exista il y a des centaines de milliers d'années.

Le moment fort de ce roman est bien sûr la rencontre avec *un homme* de ces époques « antédiluviennes ». Il ne fait guère de doute qu'il y a là un vaste clin d'œil au grand débat sur l'origine de l'homme qui traverse le XIXe siècle. Mais il est une autre hypothèse : Verne prendra souvent la défense, de façon très « diderotienne », des tribus indigènes du Pacifique, préservées longtemps du choc de la civilisation. N'est-ce pas une façon de montrer ce que serait l'homme blanc occidental s'il avait lui aussi vécu aussi longtemps dans la même préservation ?

(Cliché Isabelle Mommens)

De la Terre à la Lune

Les « lunettes » du XIXe siècle.
Le Monde illustré, 1875 (Coll. Ch. Le Carre)

Rédigé à partir de 1864. Publié en feuilleton dans le Journal des Débats *de septembre à octobre 1865. Edité chez Hetzel en octobre 1865.*

L'HISTOIRE.

Aux Etats-Unis, après la guerre de Sécession, les membres du Gun-Club forment le projet de construire un canon géant qui permettrait d'envoyer un projectile, ayant à son bord des passagers, sur la Lune.

COMMENTAIRE.

Ce roman a largement contribué à la légende d'un Jules Verne visionnaire, maître de la science-fiction. C'est le premier qui développe à ce point les explications techniques et scientifiques : des chapitres entiers sont consacrés à l'astre lunaire, aux observatoires, à la balistique ; de longues dissertations entre savants s'étalent sur de nombreuses pages. Et cependant, bien plus que pour *Voyage au centre de la Terre,* le « carton-pâte » est visible ici : les légendes, les mythes sont autant présents que les authentiques calculs scientifiques ; et même, certains extraits à caractère scientifique doivent beaucoup à Cyrano de Bergerac ou à Edgar Poe. Quant aux personnages des savants, ils peuvent

Les trains de projectile pour la Lune.
(Illustration de Henri de Montaut) (BM Nantes)

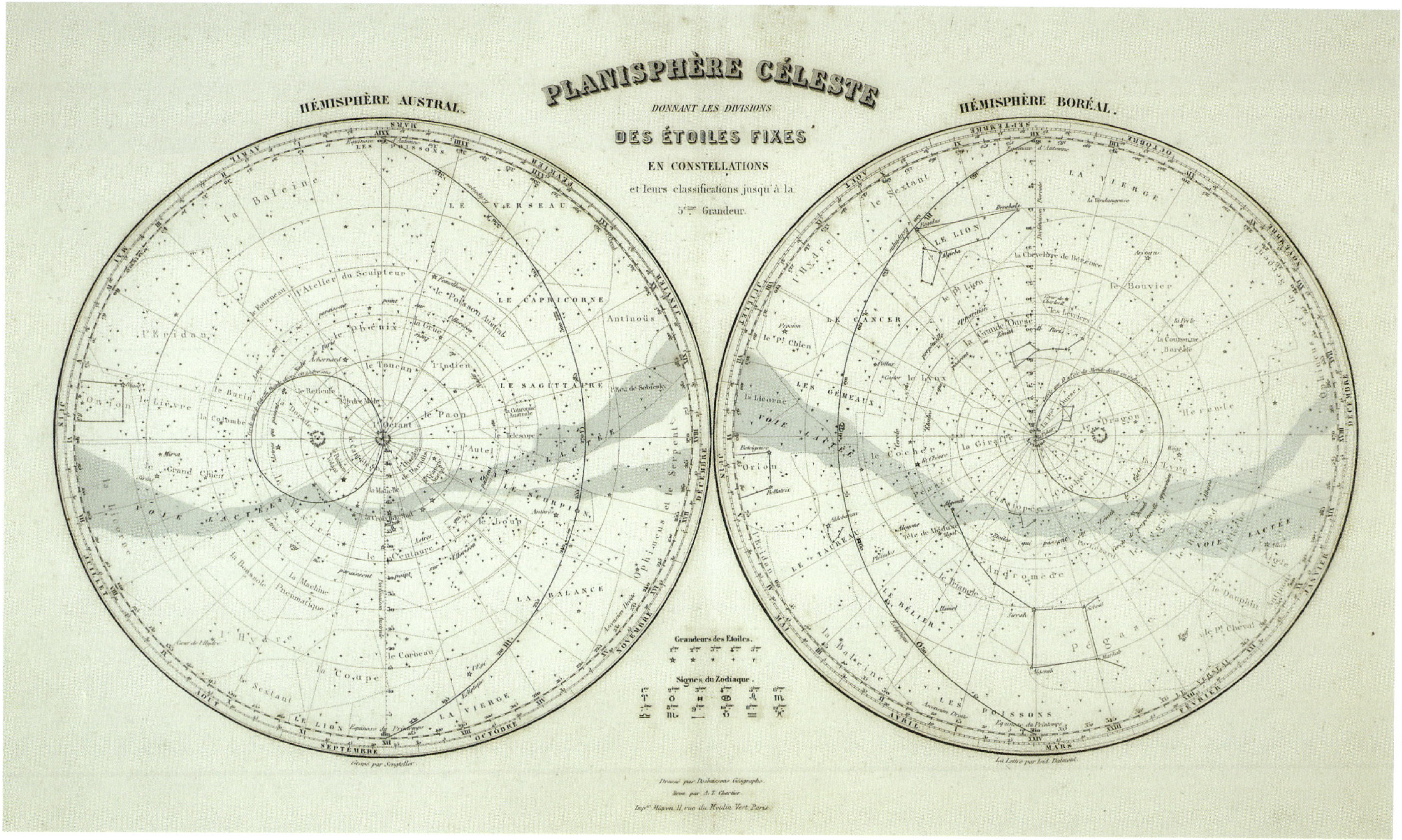

(Coll. R. Lagier)

difficilement être pris au sérieux. Sans compter bien entendu le procédé utilisé pour envoyer Barbicane, Nicholl et Michel Ardan dans l'espace.
Toutefois, Barbicane et Nicholl sont chargés de mettre en valeur un phénomène bien réel : l'esprit d'entreprise de cette nouvelle grande puissance industrielle et capitaliste que sont les Etats-Unis. Par ailleurs, trois dualités font leur apparition, qui deviendront récurrentes dans les *Voyages* :
- le duel fratricide entre les membres d'un même peuple : bien qu'il s'agisse de deux Nordistes, le conflit entre Barbicane et Nicholl est une sorte de reflet (à un degré très moindre) de la guerre de Sécession ;
- le duel esprit d'entreprise/esprit poétique : qui explique la présence, en apparence superflue, de Michel Ardan. Verne admire les possibilités de la technique, mais met en opposition les froids désirs de conquête, d'appropriation des Yankees avec les rêves utopiques du Français ;
- le duel industrie/nature : qui montre une fois de plus que loin d'être manichéen, Verne est partagé dans son sentiment. Cette réalisation du voyage vers la Lune va permettre l'entrée dans un autre univers. Mais à quel prix ?

Extrait.

Le canon géant va projeter dans l'espace l'obus dans lequel ont pris place les trois héros de cette histoire.

Une détonation épouvantable, inouïe, surhumaine, dont rien ne saurait donner une idée, ni les éclats de la foudre, ni le fracas des éruptions, se produisit instantanément. Une immense gerbe de feu jaillit des entrailles du sol comme d'un cratère. La terre se souleva, et c'est à peine si quelques personnes purent un instant entrevoir le projectile fendant victorieusement l'air au milieu des vapeurs flamboyantes.
Au moment où la gerbe incandescente s'éleva vers le ciel à une prodigieuse hauteur, cet épanouissement de flammes éclaira la Floride entière, et, pendant un instant incalculable, le jour se substitua à la nuit sur une étendue considérable de pays. Cet immense panache de feu fut aperçu de cent milles en mer du golfe comme de l'Atlantique, et plus d'un capitaine de navire nota sur son livre de bord l'apparition de ce météore gigantesque.

Objet de mille rêves, lieu de tous les fantasmes... *(Cliché V. Cotrez)*

Les enfants du Capitaine GRANT

La traversée de la cordillère des Andes.
(Illustration de Riou) (BM Nantes)

Rédigé à partir de 1865. Publié en feuilleton dans le Magasin d'Education et de Récréation *de décembre 1865 à décembre 1867. Edité chez Hetzel en 3 volumes en mai et en juillet 1867, et en janvier 1868.*

L'HISTOIRE.

Lord Glenarvan, au cours d'une excursion en mer, trouve une bouteille porteuse de trois messages, à moitié effacés : l'un est en anglais, le deuxième en allemand et le troisième en français. S'efforçant de rassembler les différentes informations données par ces trois messages incomplets, Glenarvan finit par comprendre qu'il s'agit d'un appel à l'aide du capitaine Grant, perdu en mer plusieurs années plus tôt. Il se trouverait quelque part en Amérique du Sud, à hauteur du 37°11'de latitude. Lord Glenarvan, accompagné de son épouse, du major Mac Nabbs et des deux enfants du capitaine Grant, part à la recherche de ce dernier. Suite à un quiproquo, le savant géographe Paganel se trouve mêlé à leur expédition. Par la suite, il va s'avérer que la lecture des trois messages est moins évidente qu'elle n'y paraît.

COMMENTAIRE.

C'est sans doute le roman le plus drôle de Jules Verne. Les personnages de Paganel et de Mac Nabbs, notamment, sont irrésistibles. Toutefois, sous son apparence farfelue, Paganel est un représentant de plus de la parole vernienne. Il émet de nombreuses remarques sur divers sujets dont deux qui vont devenir essentiels dans le cycle : la distinction entre l'homme et le singe ; le cannibalisme.

Les allusions nombreuses, les plaisanteries douteuses peuvent prêter à confusion s'agissant du premier thème : souvent, les personnages ont l'air de comparer les tribus de Nouvelle-Zélande à des peuplades de singes. Verne ne croit pas à une supériorité de l'homme blanc sur les autres humains et ne se montre pas non plus raciste : il exprime, par la bouche de ses personnages pas toujours aussi fins que lui, les doutes ou les fantasmes d'une

(Coll. R. Lagier)

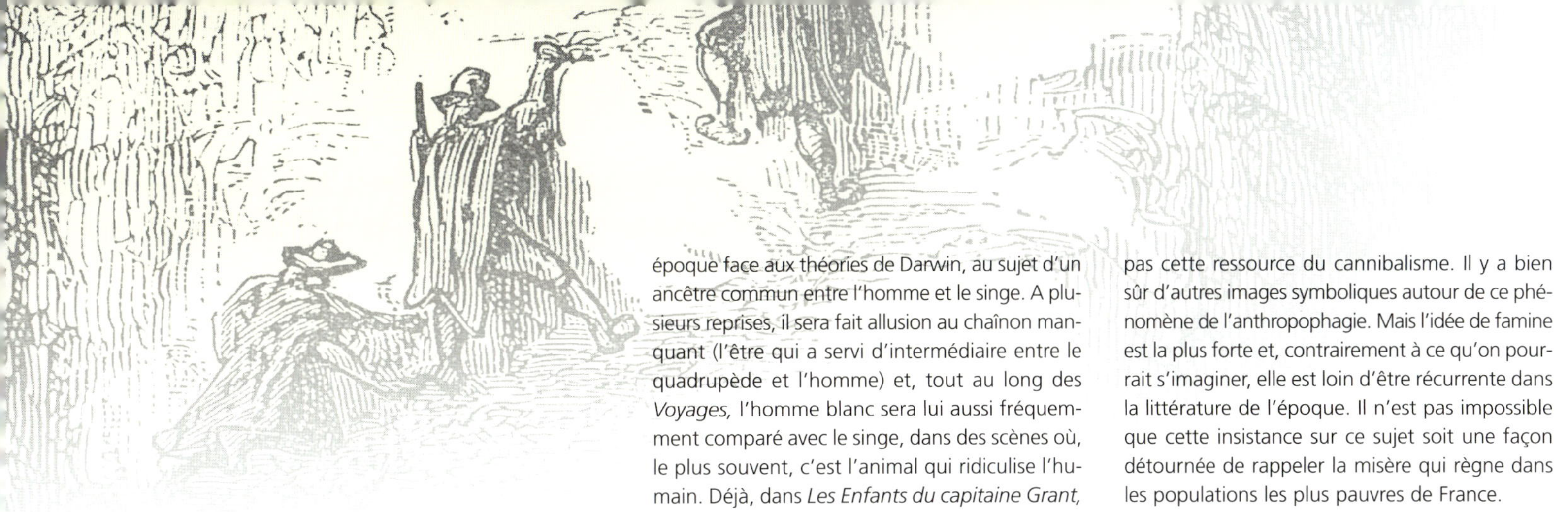

époque face aux théories de Darwin, au sujet d'un ancêtre commun entre l'homme et le singe. A plusieurs reprises, il sera fait allusion au chaînon manquant (l'être qui a servi d'intermédiaire entre le quadrupède et l'homme) et, tout au long des *Voyages,* l'homme blanc sera lui aussi fréquemment comparé avec le singe, dans des scènes où, le plus souvent, c'est l'animal qui ridiculise l'humain. Déjà, dans *Les Enfants du capitaine Grant,* Paganel, ce représentant de la science occidentale, est placé dans des situations où il se trouve ravalé à un rang nettement moins brillant.

Le cas du cannibalisme montre aussi comment, au fil des romans, un thème peut évoluer : évoqué avec horreur dans *Cinq Semaines en ballon,* le cannibalisme jouait dans ce livre surtout le rôle d'un *effet de réel.* Les choses changent dans *Les Enfants du capitaine Grant,* puisqu'un véritable débat s'installe entre Mac Nabbs et Paganel, et il s'ensuit la conclusion qu'il y a des hommes sur terre qui mourraient littéralement de faim s'ils n'avaient pas cette ressource du cannibalisme. Il y a bien sûr d'autres images symboliques autour de ce phénomène de l'anthropophagie. Mais l'idée de famine est la plus forte et, contrairement à ce qu'on pourrait s'imaginer, elle est loin d'être récurrente dans la littérature de l'époque. Il n'est pas impossible que cette insistance sur ce sujet soit une façon détournée de rappeler la misère qui règne dans les populations les plus pauvres de France.

EXTRAIT.

Glenarvan et ses compagnons sont prisonniers des Maoris, tribu de Nouvelle-Zélande. Ils sont conduits au pah, nom du campement des indigènes.

Cette forteresse était défendue par une première enceinte de solides palissades, hautes de quinze pieds ; une seconde ligne de pieux, puis une clôture d'osier percée de meurtrières, enfermaient la seconde enceinte, c'est-à-dire le plateau du pah, sur lequel s'élevaient des constructions maories et une quarantaine de huttes disposées symétriquement.

En y arrivant, les captifs furent horriblement impressionnés à la vue des têtes qui ornaient les poteaux de la seconde enceinte. Lady Helena et Mary Grant détournèrent les yeux avec plus de dégoût encore que d'épouvante. Ces têtes avaient appartenu aux chefs ennemis tombés dans les combats, dont les corps servirent de nourriture aux vainqueurs.

Le géographe les reconnut pour telles, à leurs orbites caves et privées d'yeux.

La Cordillière des Andes, sommet de l'Handoy. ▼
(Cliché L.-M. Blanchard)

▲ La plaine australienne, souvent âpre, qui va faire souffrir les héros de cette aventure . *(Cliché B. Colliot)*

◄ Apparition de marsupiaux.
(Illustration de Riou) (BM Nantes)

Enfin, *Les Enfants du capitaine Grant* sont aussi le roman des dessous littéraires et des trucages d'auteur. Par la bouche sont dévoilées bien des façons d'écrire d'un auteur. Sa manière, notamment, d'étudier la géographie. Mais surtout, les trois messages qui, à la fois, guident et égarent le petit groupe de chercheurs sont la preuve que tout texte peut prendre un sens totalement différent selon la manière dont on modifie un mot ou son contexte. Par ailleurs, les mots à double sens sont nombreux. Tabou, par exemple : interdit indigène, mais aussi pudeur hypocrite des Occidentaux qui n'aiment pas que soient évoqués certains sujets dans les romans. D'où l'obligation de prendre des chemins détournés.

Quant aux trucages, ils s'immiscent dans des scènes spectaculaires : la nature est en plein mouvement, les décors ne cessent de changer... comme au théâtre. Avec ses fleuves qui débordent, ses volcans en éruption, ses îles qui émergent puis immergent, ses personnages au double caractère (Ayrton), le monde vernien, qui se montrait déjà plein de surprises dans les romans précédents s'avère définitivement et délicieusement instable... mais aussi se révèle comme une scène de théâtre maniée par un machiniste délirant.

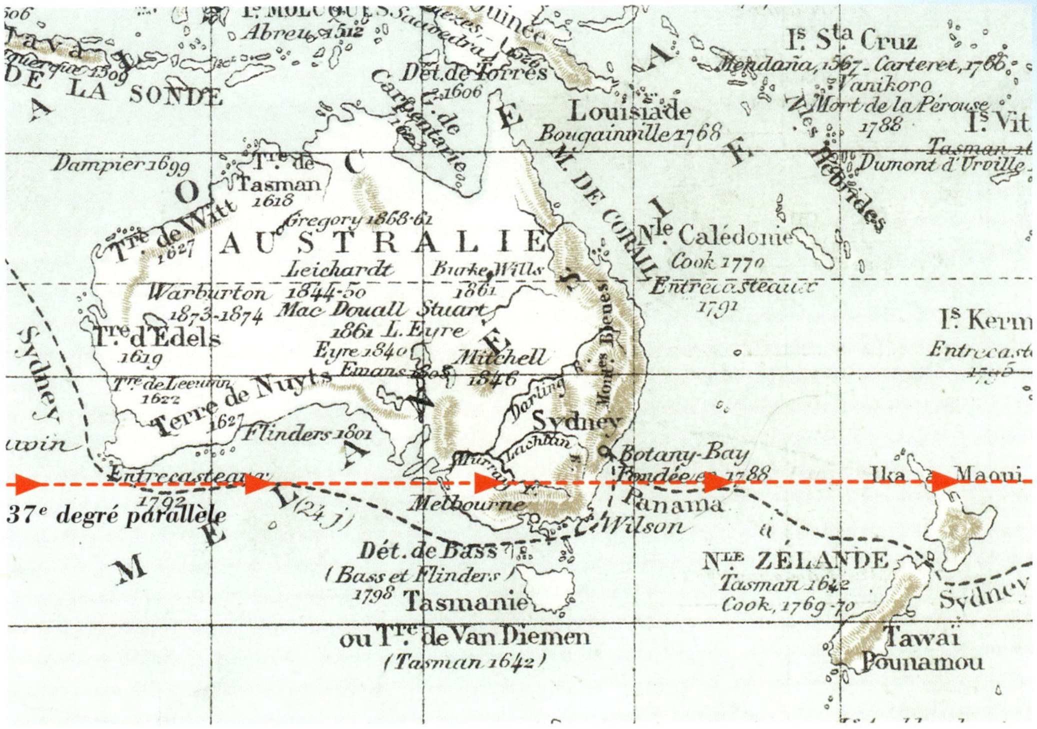

(Coll. R. Lagier)

EXTRAIT.

Alors qu'ils se trouvent dans la cordillère des Andes, Glenarvan et ses amis sont réveillés par un bruit épouvantable.

Tout d'un coup, de violents fracas le remirent sur pied. C'était un assourdissant vacarme, comparable au bruit saccadé que feraient d'innombrables caissons d'artillerie roulant sur un pavé sonore. Soudain Glenarvan sentit le sol manquer à ses pieds ; il vit la casucha osciller et s'entrouvrir.

« Alerte ! » s'écria-t-il.

Ses compagnons, tous réveillés et renversés pêle-mêle, étaient entraînés sur une pente rapide. Le jour se levait alors, et la scène était effrayante. La forme des montagnes changeait subitement ; les cônes se tronquaient ; les pics chancelants disparaissaient comme si quelque trappe s'entrouvrait sous leur base. Par suite d'un phénomène particulier aux Cordillères, un massif, large de plusieurs milles, se déplaçait tout entier et glissait vers la plaine.

« Un tremblement de terre ! » s'écria Paganel.

Travail de labour dans une ferme australienne. *(Coll. Ch. Le Corre)*

Vingt mille lieues sous les mers

Rédigé à partir de 1866. Publié en feuilleton dans
le Magasin d'Education et de Récréation *de mars 1869 à juin 1870.*
Edité chez Hetzel en 2 volumes en octobre 1869 et en juin 1870.

Iconotec.com

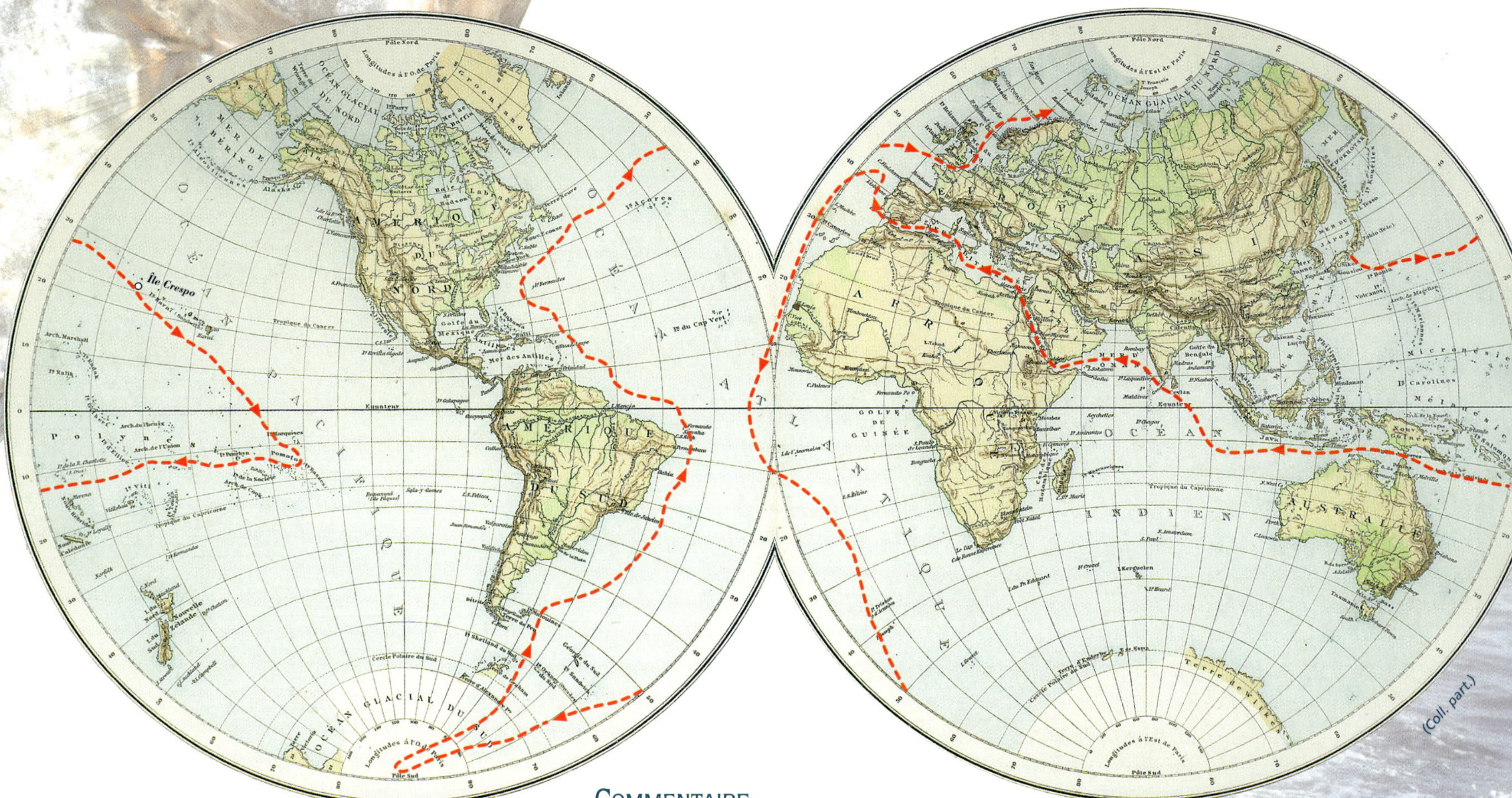

(Coll. part.)

L'HISTOIRE.

Un mystérieux monstre marin sème la terreur sur l'ensemble des océans. Le professeur Aronnax, narrateur de cette histoire, fait partie d'une expédition chargée de tuer le monstre ; mais celui-ci s'avère être un sous-marin, le *Nautilus,* dirigé par le capitaine Nemo. Aronnax se retrouve prisonnier à son bord, avec son compagnon Conseil et le harponneur Ned Land.

COMMENTAIRE.

S'il fallait choisir un seul roman pour illustrer le génie littéraire de Verne, c'est sans doute *Vingt Mille Lieues sous les mers* qui serait désigné. Tout d'abord, du fait de cet étonnant personnage qu'est le capitaine Nemo. Par son courage, sa force de caractère, par le défi qu'il lance à la civilisation et par les messages écologiques qu'il émet, cet anarchique (ou plutôt autarcique) voyageur donne à cette œuvre les dimensions à la fois d'un vibrant roman d'aventures et d'un vaste plaidoyer en faveur des fonds marins.

Car, bien entendu, c'est aussi le territoire traversé qui emporte l'adhésion. Par sa dimension, le monde sous-marin dépasse le pôle, l'Afrique et même le centre de la Terre. Il est un poème immense à admirer et à déchiffrer : d'abord en l'observant grâce au panneau géant du *Nautilus* ; puis, en se rendant sur place, muni de scaphandres. Aronnax va pouvoir réécrire ce monde en y mêlant le scientifique et le poétique (*Vingt Mille Lieues sous les mers* est en fait le livre qu'il est en train d'écrire). *Vingt Mille Lieues* doit beaucoup sans doute à Baudelaire et à ses correspondances : les coloris de la mer, les listes de poissons qui riment avec les sonorités de l'orgue de Nemo, avec les formes nouvelles découvertes dans les fonds marins.

EXTRAIT.

Nemo et Aronnax explorent le monde sous-marin.

Cependant, nous allions toujours et la vaste plaine de sable semblait être sans bornes. J'écartais de la main les rideaux liquides qui se refermaient derrière moi, et la trace de mes pas s'effaçait soudain sous la pression de l'eau.

Bientôt, quelques formes d'objets, à peine estompées dans l'éloignement, se dessinèrent à mes yeux. Je reconnus de magnifiques premiers plans de rochers, tapissés de zoophytes du plus bel échantillon, et je fus tout d'abord frappé d'un effet spécial à ce milieu.

Il était alors dix heures du matin. Les rayons du soleil frappaient à la surface des flots sous un angle assez oblique, et au contact de leur lumière décomposée par la réfraction comme à travers un prisme, fleurs, rochers, plantules, coquillages, polypes, se nuançaient sur leurs bords des sept couleurs du spectre solaire. C'était une merveille, une fête des yeux, que cet enchevêtrement de tons colorés, une véritable kaléidoscopie de vert, de jaune, d'orange, de violet, d'indigo, de bleu, en un mot toute la palette d'un coloriste enragé !

Frontispice de *Vingt Mille Lieues sous les mers*. La conception récente par deux Français (Rouquayrol et Denayrouze) du scaphandre autonome, mais aussi une suggestion de George Sand, conseillant d'écrire cette fois un roman qui se passerait dans les eaux, sont à la source de ce roman. *(Illustration de Riou)* *Extrait de* Monstres marins, *paru aux Éditions Ouest-France.*

Le *Nautilus* est, à l'origine, une invention de l'Américain Robert Fulton, datant de 1800. Ce serait le premier sous-marin de l'Histoire, mais ses dimensions restent très modestes : 6,50 m de long et 2 m de large seulement. Il est prévu une voile pour naviguer en surface, une hélice à bras pour servir de propulseur lors de l'immersion. On introduit de l'eau dans un compartiment pour plonger ; des pompes permettent de l'évacuer lorsqu'on désire remonter. Le 13 juin 1800, Fulton expérimente son invention devant les Français. Les essais seront concluants mais Napoléon refusera la machine. Le Monde illustré *(Coll. Ch. Le Corre)* ▼

Grâce à Nemo, le professeur Aronnax va traverser des territoires jamais explorés encore par l'homme.
(BM Nantes) (Illustration de Riou)

Les bras du monstre parviennent à s'introduire à l'intérieur du *Nautilus*.
(Illustration d'Alfred de Neuville)
Extrait de Monstres marins *paru aux Éditions Ouest-France.* ▼

Mais *Vingt Mille Lieues sous les mers* est également un roman de l'art de vivre : bibliothèque colossale, sciences naturelles vues du hublot ou sur le terrain, menus culinaires de premier choix, recette du parfait cigare, complaintes au son de l'orgue, le tour du monde à bord du *Nautilus* est une convocation de tous les plaisirs des sens, vue, ouïe, odorat, sans compter ceux de la conversation, puis, le soir, de l'écriture. A bien des égards, Nemo l'aventurier, Nemo l'anarchiste se présente également comme Nemo l'esthète, annonçant Des Esseintes, le héros de J.-K. Huysmans.

Enfin, *Vingt Mille Lieues* reprend cette quête jamais achevée chez Verne de l'origine et du devenir de l'homme. D'abord par la contemplation des êtres microscopiques, des plantes madréporiques qui formeront de nouveaux mondes en reliant entre eux des îlots, des roches perdues au milieu des eaux. Ensuite, par la redécouverte de l'Atlantide, civilisation perdue dans les confins du mythe historique, mais aussi par le spectacle continu de ces îles émergeant, puis immergeant sans cesse, tout au long des siècles, preuves d'un monde toujours en mouvement. Ce thème de l'Atlantide, pouvant un jour émerger et fonder un nouveau continent, sera une constante chez Verne. Autant d'interrogations sur l'étonnant parcours souterrain d'un monde que les hommes du XIXe siècle croyaient pourtant maîtriser. Ce roman en apportait un éclatant démenti.

Pour Verne, le fond de l'océan n'est pas qu'un prétexte à l'aventure : c'est une source inépuisable de peintures poétiques, mais aussi une nouvelle manière de penser les formes, les mouvements et les couleurs, une nouvelle façon d'envisager la formation des terres océaniques. *(cliché R. Margaillan)*
Extrait de Paysages sous-marins de la Méditerranée paru aux Éditions Ouest-France.

Iconotec.com

Le terrible combat contre le poulpe. De Homère à Hugo, en passant par Michelet et Lautréamont, la pieuvre géante n'a cessé de fasciner les auteurs d'épopées maritimes.
Le Petit Journal, *1909 (Coll. Ch. Le Corre)*

EXTRAIT.

Au cours d'une autre expédition sous-marine,
Aronnax va faire une extraordinaire découverte.

En effet, là, sous mes yeux, ruinée, abîmée, jetée bas, apparaissait une ville détruite, ses toits effondrés, ses temples abattus, ses arcs disloqués, ses colonnes gisant à terre, où l'on sentait encore les solides proportions d'une sorte d'architecture toscane ; plus loin, quelques restes d'un gigantesque aqueduc ; ici l'exhaussement empâté d'une acropole, avec les formes flottantes d'un Parthénon ; là, des vestiges de quai, comme si quelque antique port eût abrité jadis sur les bords d'un océan disparu les vaisseaux marchands et les trirèmes de guerre ; plus loin encore, de longues lignes de murailles écroulées, de larges rues désertes, toute une Pompéi enfouie sous les eaux, que le capitaine Nemo ressuscitait à mes regards !

Où étais-je ? Où étais-je ? Je voulais le savoir à tout prix, je voulais parler, je voulais arracher la sphère de cuivre qui emprisonnait ma tête.

Mais le capitaine Nemo vint à moi et m'arrêta d'un geste. Puis, ramassant un morceau de pierre crayeuse, il s'avança vers un roc de basalte noir et traça ce seul mot :

ATLANTIDE

Autour de la Lune

Un phénomène étrange : le cadavre d'un chien jeté hors du projectile ne va cesser de les accompagner dans leur voyage vers la Lune !
(Illustration d'Émile Bayard) (BM Nantes)

(Coll. part.)

Rédigé à partir de 1868. Publié en feuilleton dans le Journal des Débats *de novembre à décembre 1869. Edité chez Hetzel en janvier 1870.*

L'histoire.

Il s'agit de la suite de *De la Terre à la Lune,* édité quatre ans plus tôt. L'obus géant tourne autour de l'astre lunaire sans jamais pouvoir y atterrir. Les trois voyageurs tentent alors de repérer d'éventuels vestiges d'une civilisation de Luniens.

Commentaire.

Ce roman marque la fin d'une première époque du cycle des *Voyages,* celle des périples réellement extraordinaires. Pour beaucoup de spécialistes verniens, cette décennie des années 1860 est de loin la meilleure au niveau de l'invention.

Autour de la Lune est en fait très différent de *De la Terre à la Lune* (cette suite n'était d'ailleurs pas prévue à l'origine) : il est entièrement basé sur le regard et surtout sur les spéculations des trois voyageurs, enfermés dans leur obus qu'ils ne quitteront jamais jusqu'à leur retour sur terre. Durant les trois cent cinquante pages du roman, il ne leur arrive que très peu d'aventures. Ce *Voyage* marque bien la volonté de Verne de ne pas se laisser transporter dans les domaines de l'invraisemblance. Pas de rencontre avec des extraterrestres, par exemple ; et surtout pas d'atterrissage sur la Lune dont une face restera d'ailleurs invisible. En revanche, l'imagination poétique de Michel Ardan, alliée aux hypothèses scientifiques de Barbicane, met en scène, par le biais de la parole, non seulement tous les mythes rattachés à la Lune, mais aussi cette passionnante énigme de l'existence ou non d'une autre civilisation dans l'espace. Les apparentes traces ou vestiges sont-ils effets de l'imagination, pure illusion ou réels signes qu'une civilisation de Luniens a existé en ce lieu et a disparu suite à une modification de l'atmosphère ? Quelle que soit la réponse, il ne fait guère de doute que la question atmosphérique joue un rôle important dans cette œuvre. Une scène, qui avait déjà connu ses prémices dans *Voyages et aventures du capitaine Hatteras*, nous montre les trois passagers en proie à un trop-plein d'oxygène : une folle surexcitation investit à la fois leurs membres et leur imagination, et ils manquent d'étouffer (la scène se reproduira dans la nouvelle intitulée *Une fantaisie du docteur Ox*).

Mais, au-delà de cette réflexion sur les comportements et les évolutions que peut connaître un corps humain dans différentes atmosphères, il y a bien entendu un rapprochement métaphorique entre la destinée qu'aurait connue la Lune et celle que pourrait connaître la Terre. Rappelons-nous que le départ de l'obus a provoqué différents cataclysmes. Le spectacle auquel assistent les trois passagers à travers le hublot de leur « navette » pourrait bien être celui de l'avenir lointain et sinistre de leur propre civilisation.

Le monde lunaire, tel qu'il était représenté dans *Le Monde illustré* de 1871.
Le Monde illustré, 1871
(Coll. Ch. Le Corre)

© Nasa

EXTRAIT.

Les trois passagers observent attentivement de leurs hublots la partie visible de la Lune. Michel Ardan croit repérer quelque chose…

Quoi qu'il en soit et dans son état actuel, ce monde, c'était l'image de la mort, sans qu'il fût possible de dire que la vie l'eût jamais animé.

Michel Ardan crut pourtant reconnaître une agglomération de ruines qu'il signala à l'attention de Barbicane. C'était à peu près sur le quatre-vingtième parallèle et par trente degrés de longitude. Cet amoncellement de pierres, assez régulièrement disposées, figurait une vaste forteresse, dominant une de ces longues rainures qui jadis servaient de lit aux fleuves des temps anté-historiques. Non loin s'élevait, à une hauteur de cinq mille six cent quarante-six mètres, la montagne annulaire du Short, égale au Caucase asiatique. Michel Ardan, avec son ardeur accoutumée, soutenait « l'évidence » de sa forteresse.

Une ville flottante

Rédigé aux alentours de 1869. Publié en feuilleton dans le Journal des Débats *entre août et septembre 1870. Edité chez Hetzel en juillet 1871.*

Cartonnage d'*Une ville flottante*. *(BM Nantes)*

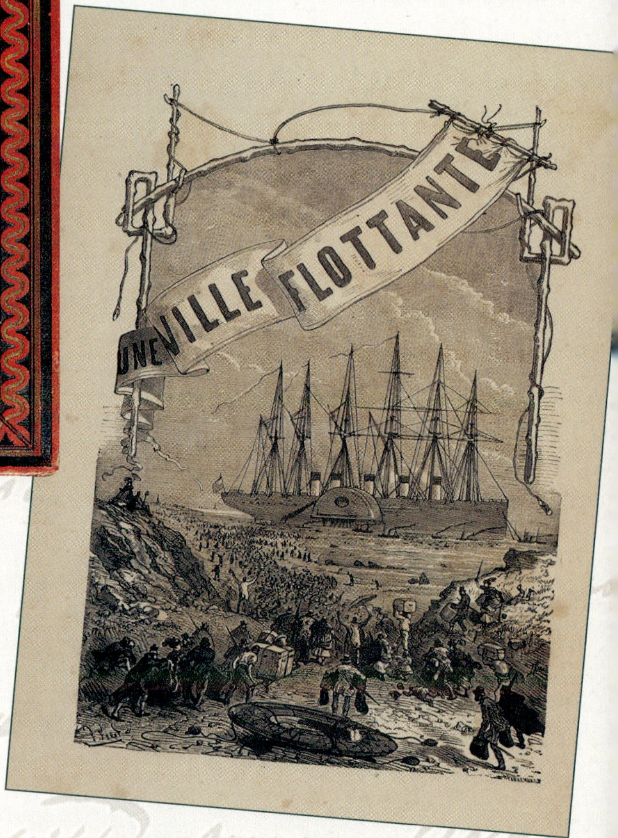

▲ Frontispice d'*Une ville flottante*. *(Illustration de Férat) (bnf)*

L'histoire.

Un voyageur nous conte sa traversée de l'Atlantique à bord du *Great Eastern,* gigantesque navire ; il nous parle également du capitaine Fabian et d'Ellen, la femme qu'il aime, et qui a perdu la raison suite à un mariage sans amour.

Commentaire.

En 1867, Jules Verne a lui-même effectué un voyage à travers l'Atlantique, à bord du *Great Eastern,* puis aux Etats-Unis. Il a relevé par écrit ses impressions avant de songer, probablement dès 1867, à en tirer un roman. On sait par sa correspondance qu'il commencera à le rédiger au plus tard en 1869.

Une ville flottante est le premier voyage non extraordinaire de la série (c'est le moyen de transport qui est hors du commun). En revanche, il met en exergue de nombreuses préoccupations et tics de l'écrivain. Notamment, cette façon de « déplier » le sens des mots : dans un même paragraphe, un mot peut être vu sous diverses acceptions. Ainsi, l'*air* que l'on respire, devenu vicié, se mêle avec un *air* de musique détestable. Les *cataractes* des chutes du Niagara agissent sur les *cataractes* de la vue.

Une ville flottante est également le premier roman à nous présenter une jeune femme aliénée. Mais qu'a donc Ellen ? A la première lecture, on répondrait : épouvantée de devoir épouser un homme qu'elle déteste, elle a transformé cette répulsion en névrose ou en amnésie. On peut remarquer que ce type d'aliénation apparaît en parallèle avec une incapacité de nombreux personnages à apprécier les sites qu'ils traversent (à l'inverse d'un Clawbonny ou d'un Aronnax). Or, Ellen, suite à la mort de son époux, est conduite vers une lente mais complète guérison « psychologique » grâce aux efforts de Fabian ; mais à laquelle la vue des chutes du Niagara aura également contribué ! Une fois de plus, les sites merveilleux jouent un rôle thérapeutique.

Mais ce roman est d'abord celui du gigantesque *Great Eastern* et, à travers lui, du gigantisme du monde industriel anglo-saxon. L'idée de transporter une ville, une population entière, de la concentrer sur un territoire mouvant, est un autre leitmotiv de Verne.

Liverpool ➡ New-York ➡ Albany ➡ Niagara Falls. *(Coll. R. Lagier)*

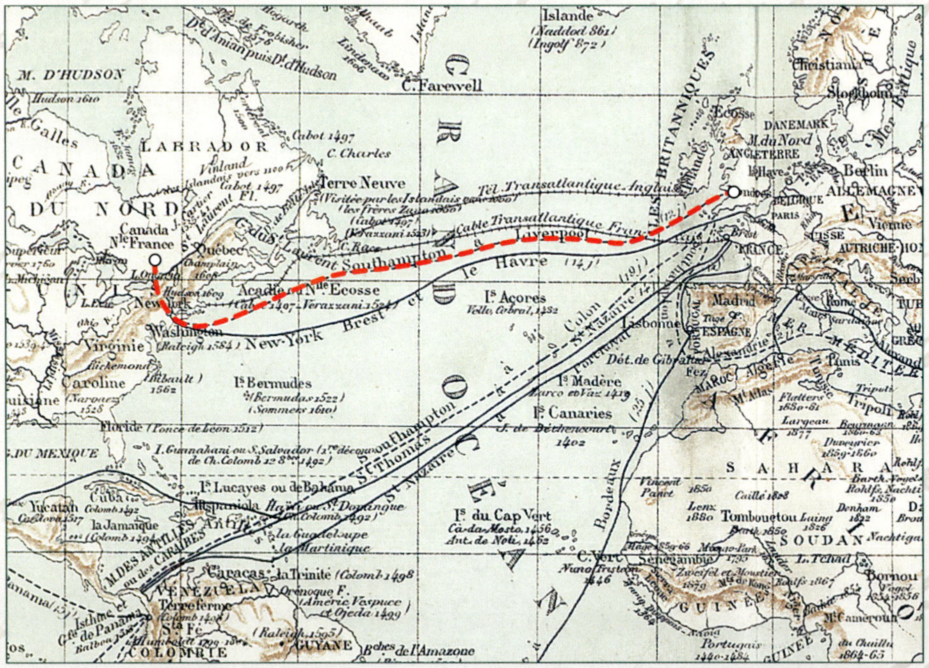

▲ Le *Great Eastern* : géant des mers !
(Illustration de Férat)
(BM Nantes)

Extrait.

C'est le départ du *Great Eastern*. On procède au hissage des ancres, tandis que des marins virent au cabestan. Alors survient l'accident…

Sans exception, tous les hommes disposés sur les barres avaient été renversés ; les uns se relevaient ; d'autres gisaient sur le pont. Un pignon de la machine ayant cassé, le cabestan avait déviré irrésistiblement sous la traction effroyable des chaînes. Les hommes, pris à revers, avaient été frappés avec une violence extrême à la tête ou à la poitrine. Dégagées de leurs rabans cassés, les barres, faisant mitraille autour d'elles, venaient de tuer quatre matelots et d'en blesser douze. Parmi ces derniers, le maître d'équipage, un Ecossais de Dundee.

On se précipita vers ces malheureux. Les blessés furent conduits au poste des malades, situé à l'arrière. Quant aux quatre morts, on s'occupa de les débarquer immédiatement.

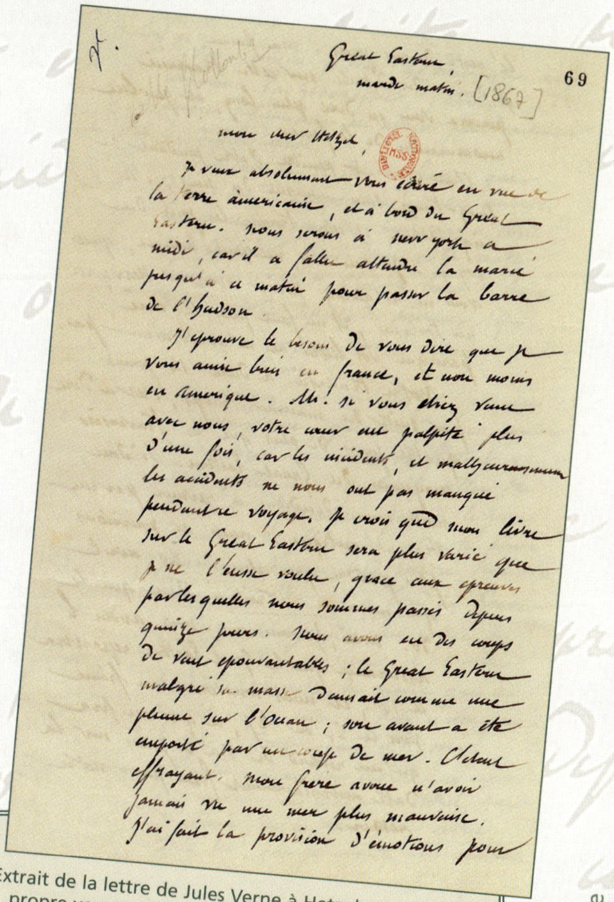

Great Eastern
mardi matin. [1867] 69

Extrait de la lettre de Jules Verne à Hetzel racontant son propre voyage au bord du *Great Eastern* en 1867. *(bnf)*

Mon cher Hetzel,

Je veux absolument vous écrire en vue de la terre américaine, et à bord du *Great Eastern*. Nous serons à New-York à midi, car il a fallu attendre la marée jusqu'à ce matin pour passer la barre de l'Hudson.

J'éprouve le besoin de vous dire que je vous aime bien en France et non moins en Amérique. Ah ! si vous étiez venu avec nous, votre cœur eut palpité plus d'une fois car les incidents, et malheureusement les accidents ne nous ont pas manqué pendant ce voyage. Je crois que mon livre sur le *Great Eastern* sera plus varié que je ne l'eusse voulu, grâce aux épreuves par lesquelles nous sommes passés depuis quinze jours. Nous avon eu des coups de vent épouvantables ; le *Great Eastern*, malgré sa masse dansait comme une plume sur l'océan ; son avant a été emporté par un coup de mer. C'était effrayant, mon frère avoua n'avoir jamais vu une mer plus mauvaise. J'ai fait la provision d'émotions pour le reste de mes jours.

Aventures de trois Russes et de trois Anglais

▲ Les chutes du lac Victoria.
(Cliché B. Barbier)

Rédigé en 1871. Publié en feuilleton dans le Magasin d'Education et de Récréation *entre novembre 1871 et septembre 1872. Edité chez Hetzel en août 1872.*

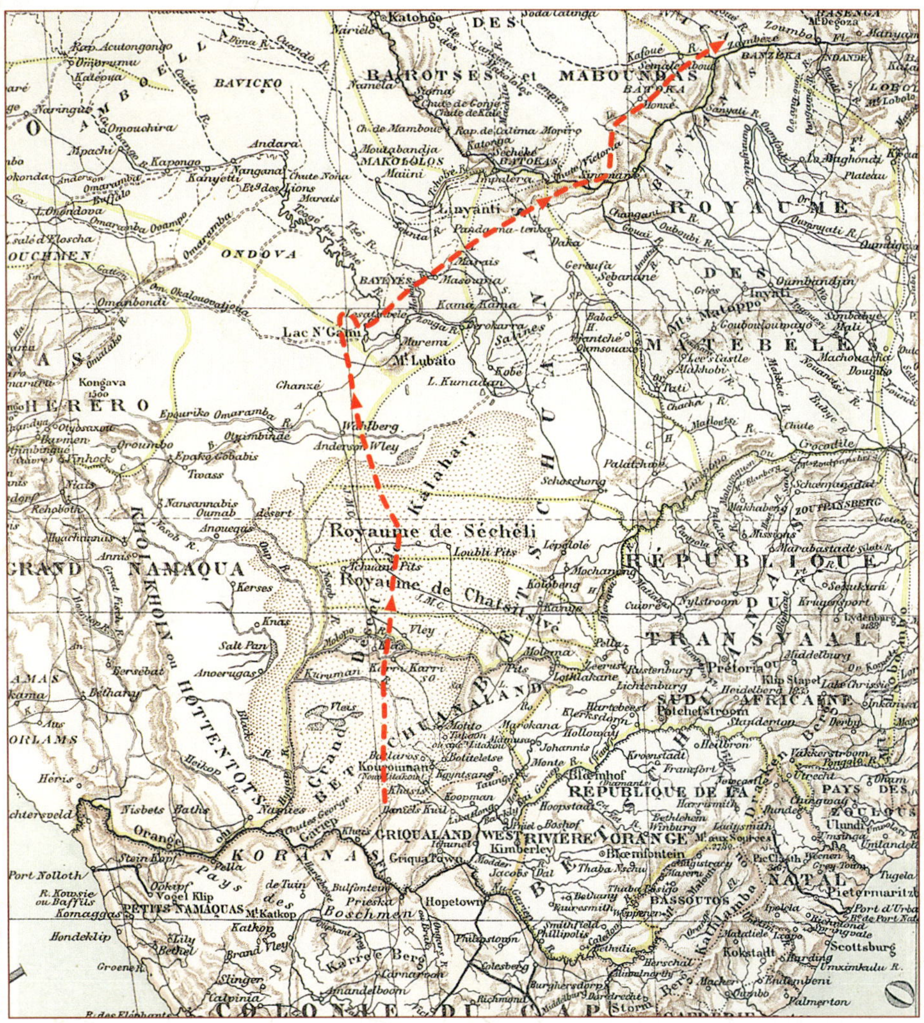

(Coll. R. Lagier)

L'histoire.

Trois savants anglais et trois savants russes sont chargés de mesurer un arc de méridien en Afrique du Sud. Mais les caractères intolérants de certains membres de l'expédition vont semer la discorde dans le groupe, d'autant qu'éclate bientôt la guerre de Crimée opposant les deux nations.

Commentaire.

On pourrait qualifier ce roman de triomphe du calcul triangulaire : les six héros recherchent des angles pour situer un méridien. En même temps, nous avons pour chaque nationalité un triangle à trois côtés, chaque côté représentant un caractère. Et l'on pourrait tracer des droites pour relier des parties de triangle à triangle, tant les correspondances sont visibles entre les personnages des deux groupes ! Nous approchons là, à nouveau, de cette idée très vernienne : un problème mathématique ou une donnée énigmatique (message incomplet, grille), non seulement sert de trame de départ mais finit par encadrer le récit, par *devenir* ce récit.

A l'intérieur de cette construction géométrique, nous retrouvons trois thèmes chers à Verne. D'abord, l'idée du point suprême, d'un centre à trouver : illustré physiquement par les pôles, le centre de la Terre, la Lune ou les chutes du Nigara, ce point demeure dans ce roman essentiellement abstrait, mais indispensable pour reconstituer la géographie du monde.

Le caractère antagoniste de l'homme est un constat désabusé de l'œuvre. Les héros de bonne volonté de chaque nationalité ne peuvent pas grand-chose contre les comportements belliqueux de leurs chefs, extrêmement susceptibles et pointilleux dès qu'il s'agit de l'honneur de leur patrie. Ce terrible travers sera de plus en plus fréquent dans les *Voyages* à venir.

Enfin, autre sujet récurrent, traité ici de façon plutôt comique : l'éternelle comparaison entre l'homme et le singe, le primate semblant l'emporter sur le pauvre Nicolas Palander.

Le Tour du monde, 1866, 1er semestre. Dans ce roman commence à se faire le sentiment anti-chasse de Verne. *(Coll. Ch. Le Corre)* ▲

Le calme revient dans la savane. *(Illustration de Férat) (BM Nantes)*

EXTRAIT.

Alors que l'expédition se trouve dans une contrée fertile et giboyeuse, survient une invasion de sauterelles.

En un instant, l'énorme nuage qui dépassait le zénith s'abattit sur le sol. On ne vit plus qu'une masse fourmillante et sombre autour du campement et jusqu'aux limites de l'horizon. L'emplacement même du camp fut littéralement inondé. Les chariots, les tentes, tout disparut sous cette grêle vivante. La masse des criquets mesurait un pied de hauteur. Les Anglais, enfoncés jusqu'à mi-jambes dans cette épaisse couche de sauterelles, les écrasaient par centaines à chaque pas. Mais qu'importait dans le nombre ? Et cependant, ce n'était pas les causes de destruction qui manquaient à ces insectes. Les oiseaux se jetaient sur eux en poussant des cris rauques et ils les dévoraient avidement. Au-dessous de la masse, des serpents, attirés par cette friande curée, en absorbaient des quantités énormes. Les chevaux, les bœufs, les mulets, les chiens s'en repaissaient avec un inexprimable contentement. Le gibier de la plaine, les bêtes sauvages, lions ou hyènes, éléphants ou rhinocéros, engloutissaient dans leurs vastes estomacs des boisseaux de ces insectes. Enfin, les Bochjesmen eux-mêmes, très amateurs de ces « crevettes de l'air », s'en nourrissaient comme d'une manne céleste ! Mais leur nombre défiait toutes ces causes de destruction, et même leur propre voracité, car ces insectes se dévorent entre eux.

Le Chancellor

Rédigé à partir de 1871 au plus tard.
Publié en feuilleton dans Le Temps
entre décembre 1874 et janvier 1875.
Edité chez Hetzel en février 1875.

L'HISTOIRE.

A partir du journal d'un passager, nous suivons le périple dramatique du *Chancellor*, lequel est détruit par un incendie. Les survivants vont dériver sur un radeau et connaître les affres de la faim.

COMMENTAIRE.

A partir du *Chancellor,* on commence à repérer des écarts entre le moment de la rédaction et celui de l'édition d'un roman. Ici, les raisons viennent en partie des très nombreuses réécritures que va devoir effectuer Verne, du fait, notamment, de fréquentes scènes d'une extrême violence. On connaît les sources d'influence pour ce roman : au moins trois authentiques histoires de naufragés dérivant sur un radeau des jours durant (notamment la célèbre histoire de la « Méduse ») ; mais aussi le roman d'Edgar Poe : *Aventures d'Arthur Gordon Pym.*

L'intérêt de se reporter plutôt sur la chronologie de rédaction que sur celle de l'édition est crucial dans ce cas : on s'aperçoit qu'il y a peu d'écarts entre *Une ville flottante* et *Le Chancellor.* Or, tous deux sont des récits à la première personne, une satire des mœurs anglo-saxonnes, une présentation du phénomène de l'aliénation. Simplement, dans *Une ville flottante,* le navire, qui symbolise la stabilité d'une société, ne subit aucun dommage.

Le bateau de plaisance se transforme en radeau de la *Méduse.* *(Illustration de Riou) (BM Nantes)*

La faim peut porter des hommes jusqu'aux dernières extrémités. Ce roman est probablement le plus terrible de Jules Verne. *(Illustration de Riou) (BM Nantes)*

Les scènes de férocité suite à un naufrage ne sont hélas pas des inventions de Poe et de Verne et cette illustration du *Petit Journal* n'est pas une exagération : le cannibalisme est une réalité des naufrages en tout genre. Le Petit Journal, *1899 (Coll. Ch. Le Corre)*

Au contraire, avec *Le Chancellor*, Verne a voulu cette fois que le navire subisse les pires catastrophes. Nous voyons en effet des hommes, réduits au désespoir et aux pires extrémités de la faim, se transformer en fauves, devenir incapables du moindre raisonnement, parfois même de se tenir debout, finissant par tenter de se dévorer entre eux. Il n'est d'ailleurs pas impossible que Verne ait eu le désir de montrer métaphoriquement quelque chose dont il n'osait pas parler ouvertement : la faim subie par les populations les plus pauvres au cœur des grandes villes des pays civilisés, telle la France. En mélangeant dans un même radeau différentes classes, différents types, Verne a pu chercher à convaincre ses contemporains que la faim est l'affaire de tous.

EXTRAIT.

Tandis que les cales du navire prennent feu, un ouragan fait son apparition. Le capitaine Kurtis tente de maîtriser la situation.

A huit heures du soir, malgré le fracas de l'ouragan, de bruyants ronflements se font entendre. Les panneaux du pont se soulèvent sous la pression de l'air échauffé, et des tourbillons de fumée noire s'en échappent comme la vapeur sous la plaque d'une soupape de chaudière.

L'équipage se précipite vers Robert Kurtis, pour lui demander des ordres. Une idée unique s'empare de tous : fuir ce volcan, qui va faire irruption sous nos pieds !

Robert Kurtis regarde l'Océan, dont les lames monstrueuses déferlent. On ne peut même plus s'approcher de la chaloupe placée sur ces chantiers, au milieu du pont, mais il est encore possible d'utiliser le canot, hissé sur ses pistolets de tribord, ainsi que la baleinière, suspendue à l'arrière du navire. Les matelots se précipitent vers le canot.

« Non ! crie Robert Kurtis, non ! Ce serait jouer notre dernière chance sur un coup de mer ! »

Le Pays des fourrures

Rédigé à partir de 1871. Publié en feuilleton dans le Magasin d'Education et de Récréation entre septembre 1872 et décembre 1873. Edité chez Hetzel en 2 volumes en juin et octobre 1873.

L'HISTOIRE.

La Compagnie de la Baie d'Hudson organise une expédition dans le but d'installer un fort dans les contrées désertiques du Nord-Canada afin de relancer le commerce des fourrures. Le lieutenant Hobson dirige l'expédition, accompagné de la voyageuse Paulina Barnett et de l'astronome Thomas Roch. A la suite de nombreuses aventures, ils dériveront sur un glaçon géant à travers l'océan.

COMMENTAIRE.

Le Pays des fourrures marque le retour, dix ans après *Hatteras,* de l'univers polaire, cher à Verne. Le roman nous présente un grand nombre de belles descriptions poétiques, mais aussi le côté très relatif de cet univers qui se métamorphose à chaque nouvelle saison. L'homme et la nature ne cessent de s'y observer, de s'y affronter. Le summum de ce duel et de ces transformations réside dans la révélation que le continent où se sont installés Hobson et ses compagnons est devenu un îlot flottant, puis un glaçon fondant peu à peu.

La capacité de résistance des protagonistes est sans cesse mise en valeur et on peut dire que *Le Pays des fourrures* est un des romans les plus « hygiéniques » de Jules Verne. La longue description du Fort-Espérance, les nombreuses allusions à l'atmosphère, à l'équilibre écologique, en

Les futurs habitants du fort Espérance sont obligés d'établir un camp.
(Illustration de Beaurepaire) (BM Nantes)

Ce nouveau récit situé dans le cercle polaire est une fois de plus prétexte à des descriptions extrêmement poétiques et à une méditation sur les métamorphoses du monde.
(Illustration de Beaurepaire) (BM Nantes)

sont autant d'éléments. Mais à cette résistance physique s'ajoute celle, morale ; et il n'est pas indifférent de voir ici une femme énergique et décidée tenir l'un des premiers rôles. Les relations entre Hobson et elle, loin d'être naïves ou fleur bleue, sont emplies de subtilité et leurs conversations rendent un véritable hommage à la Vie, sous toutes ses formes. *A contrario,* le personnage de Thomas Roch tend à désacraliser l'image du savant, jusque-là toujours grand traducteur des signes de l'univers et représentant principal de la pensée vernienne. Thomas Roch, souvent ridiculisé, ne résoudra même pas l'énigme de l'absence du phénomène astronomique attendu ; à partir des années 1870, les encyclopédistes universalistes, tels Clawbonny ou Paganel, sont remplacés par des spécialistes enfermés dans leur matière.

Le Pays des fourrures est une succession d'images plus époustouflantes les unes que les autres. *(Illustration de Férat) (BM Nantes)*

EXTRAIT.

Au début du roman, alors qu'on célèbre au Fort-Reliance le prochain départ de l'expédition, le capitaine Craventy voit arriver un traîneau.

Un homme, doublé et encapuchonné de fourrures, en était aussitôt descendu.

« Le Fort-Reliance ? demanda cet homme. — C'est ici, répondit le capitaine. — Le capitaine Craventy ? — C'est moi. Qui êtes-vous ? — Un courrier de la Compagnie. — Etes-vous seul ? — Non ! j'amène un voyageur ! — Un voyageur ! Et que vient-il faire ? — Il vient voir la lune. »

A cette réponse, le capitaine Craventy se demanda s'il avait affaire à un fou, et, dans de telles circonstances, on pouvait le penser. Mais il n'eut pas le temps de formuler son opinion. Le courrier avait retiré du traîneau une masse inerte, une sorte de sac couvert de neige, et il se disposait à l'introduire dans la maison, quand le capitaine lui demanda :

« Quel est ce sac ? — C'est mon voyageur ! répondit le courrier. — Quel est ce voyageur ? — L'astronome Thomas Black. — Mais il est gelé ! — Eh bien, on le dégèlera. »

(Coll. R. Lagier)

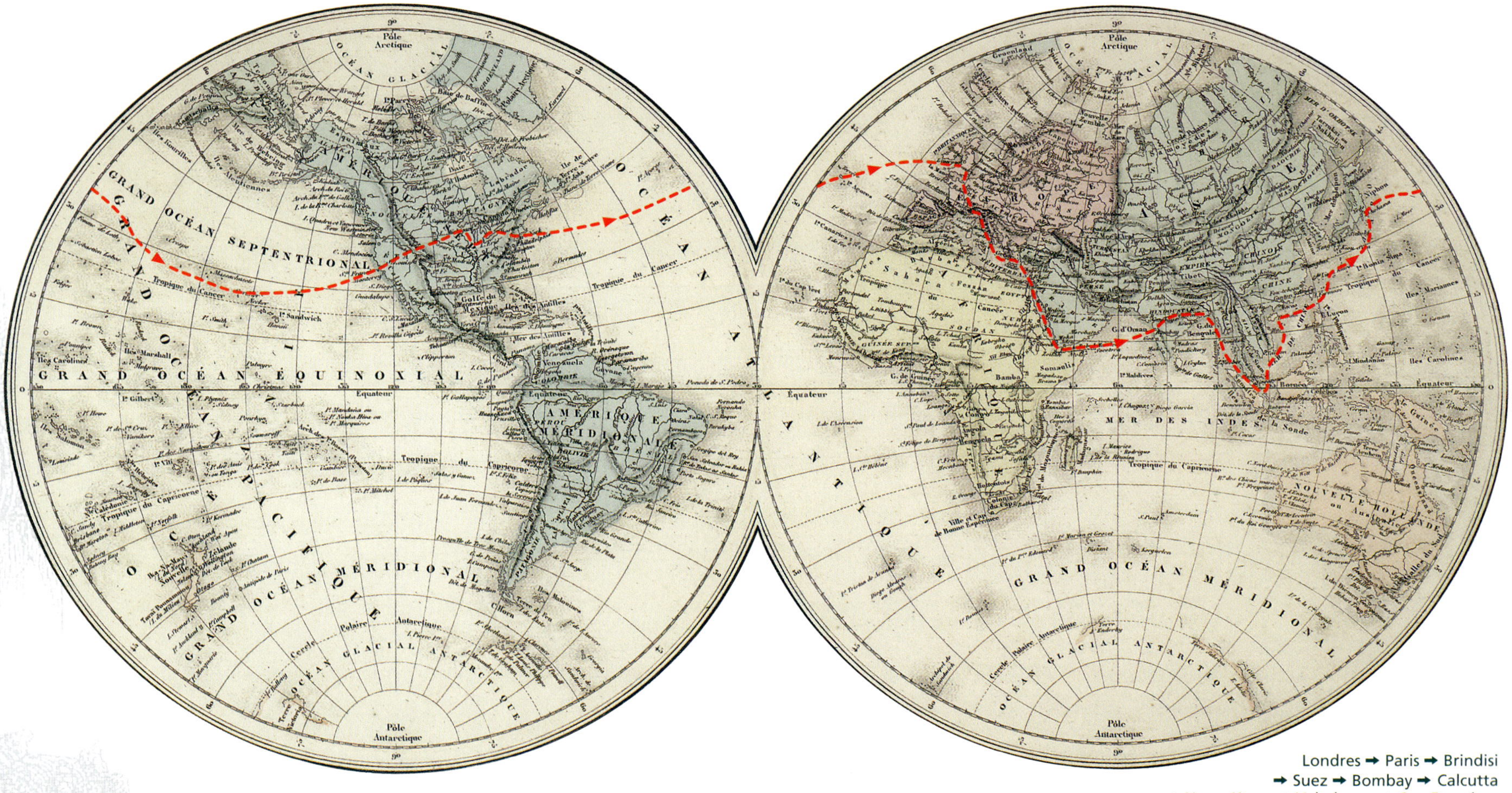

Londres ➡ Paris ➡ Brindisi ➡ Suez ➡ Bombay ➡ Calcutta ➡ Hong-Kong ➡ Yokohama ➡ San Francisco ➡ Chicago ➡ New-York ➡ Liverpool ➡ Londres. *(Coll. R. Lagier)*

Le Tour du Monde en quatre-vingts jours

Rédigé en 1872. Publié en feuilleton de novembre à décembre 1872. Edité chez Hetzel en janvier 1873.

L'HISTOIRE.

Phileas Fogg, riche gentleman britannique, parie avec les membres du Reform-Club qu'il fera le tour du monde en quatre-vingts jours maximum. Il effectue son voyage en compagnie de son valet français, Passepartout, et poursuivi par le policier Fix qui le suspecte du cambriolage de la Banque d'Angleterre.

COMMENTAIRE.

C'est le plus important succès commercial de Jules Verne, de son vivant, succès toujours renouvelé depuis, cependant que Phileas Fogg est, avec Nemo, le personnage le plus célèbre des *Voyages extraordinaires*. De ce fait, bien des articles ont été écrits sur ce roman et, notamment, sur cet « homme-horloge » qui fait le tour du monde sans jamais sembler s'intéresser à ce qui se passe autour de lui, sauf toutefois lorsqu'il s'agit de porter secours à ses semblables. On a déjà comparé ce personnage à Jules Verne lui-même, voyageant *théoriquement* à partir de plannings, d'horaires et de livres de géographie.

Philéas Fogg s'apprête à utiliser un éléphant comme moyen de transport. *(Illustration de Benett) (BM Nantes)*

L'attaque par les Indiens du train qui traverse les Etats-Unis va-t-elle faire échouer le pari du gentleman britannique ? Le Petit Journal, *1906 (Coll. Ch. Le Corre)*

Deux choses sont à retenir de ce livre : tout d'abord, l'évidence d'un jeu de société qui domine la trame entière. Tout le roman est une sorte de vaste saut d'obstacles. Par ailleurs, la morale de cette histoire est que la terre semble peu à peu rétrécir, s'uniformiser. Les aventures paraissent, à long terme, sans doute devoir, sinon disparaître, du moins changer de forme : c'est le premier roman du cycle à mettre en valeur cet aspect des choses. Toutefois, le coup de théâtre final montre que la notion de temps et d'espace est très relative.

Le personnage de Fogg participe à cette série d'expérimentations verniennes pour tenter de trouver le héros parfait, celui qui saura s'adapter à toutes les épreuves. Un homme d'une parfaite santé physique et morale, une sorte d'*homme-hygiène*. Sans doute, Fogg est trop mécanique : il lui manque cette propension à l'enthousiasme qui dominait les personnages de Clawbonny et de Paganel.

Fumeur d'opium : les fumeries, qui pullulent tant à Singapour qu'à Londres, ravageant la population chinoise, vont manquer d'avoir un rôle néfaste dans la bonne marche du voyage. *(Coll. Ch. Le Corre)*

Extrait.

Phileas Fogg et Passepartout se trouvent à bord du *Mongolia* qui traverse la mer Rouge.

Que faisait Phileas Fogg pendant ce temps ? On pourrait croire que, toujours inquiet et anxieux, il se préoccupait des changements de vent nuisibles à la marche du navire, des mouvements désordonnés de la houle qui risquaient d'occasionner un accident à la machine, enfin de toutes les avaries possibles qui, en obligeant le Mongolia à relâcher dans quelque port, auraient compromis son voyage ? Aucunement, ou tout au moins, si ce gentleman songeait à ces éventualités, il n'en laissait rien paraître. C'était toujours l'homme impassible, le membre imperturbable du Reform-Club. Il ne paraissait pas plus ému que les chronomètres du bord. On le voyait rarement sur le pont. Il s'inquiétait peu d'observer cette mer Rouge, si féconde en souvenirs, ce théâtre des premières scènes historiques de l'humanité.

L'île mystérieuse

Dans les *Voyages*, le singe se montre souvent aussi doué (sinon plus) que l'homme. Dans *L'Ile mystérieuse*, Jup pose un problème au lecteur : désigné comme un orang-outan, il ressemble pourtant à un chimpanzé. *(Illustration de Férat) (BM Nantes)*

Rédigé à partir de 1873. Publié en feuilleton dans le Magasin d'Education et de Récréation *de janvier 1874 à décembre 1875. Edité chez Hetzel en 3 volumes en septembre 1874 et en avril et octobre 1875.*

L'histoire.

Les aventures de cinq nordistes échappés en ballon d'un camp de prisonniers durant la guerre de Sécession : l'ingénieur Smith, le journaliste Spilett, le serviteur noir Nab, le marin Pencroff et le jeune Harbert. Suite à un violent orage, le ballon atterrit sur une île déserte.

Commentaire.

Ce roman est principalement une « robinsonnade », genre inventé par Daniel Defoe avec son *Robinson Crusoé*. Verne, fasciné par ce roman, mais aussi et surtout par les *Robinsons suisses* de Wyss, s'est donc efforcé de se montrer digne des deux modèles. En fait, *L'Ile mystérieuse* a peut-être plus de souffle et d'ampleur, les ingrédients du genre y étant paradoxalement plus respectés que par les modèles eux-mêmes, car les cinq héros, au départ, sont totalement démunis.

Comme tous les grands romans de Verne, *L'Ile mystérieuse* est une immense métaphore : celle de l'histoire de la condition de l'homme, de la marche de son esprit conquérant et entreprenant qui, quelles que soient ses conditions d'existence, cherche toujours à dominer le lieu dans lequel il vit et à améliorer ses rames, ses outils, ses moyens de production. L'île, de simple refuge, devient une colonie en pleine expansion.

Cette situation met en exergue la vision historique de Verne. Une fois l'île sur le point d'être totalement dénaturée par les colons (car à aucun moment les cinq habitants ne semblent disposés à se donner une limite), celle-ci se trouve subitement engloutie par une éruption volcanique : les cinq colons se retrouvent, à nouveau démunis, sur un rocher stérile. On assiste également à nouveau à une comparaison entre l'homme et l'animal en la personne d'Ayrton, abandonné sur une île voisine douze ans plus tôt et, ainsi isolé, ayant perdu peu à peu ses instincts humains pour ceux de la bête. Toutefois, le contact avec les cinq colons le ramènera à nouveau à l'échelle humaine. Le thème de l'hygiène de vie est également très présent, les colons s'efforçant de régler leurs journées au rythme du travail, des exercices, des bons repas, de la méditation et de l'instruction.

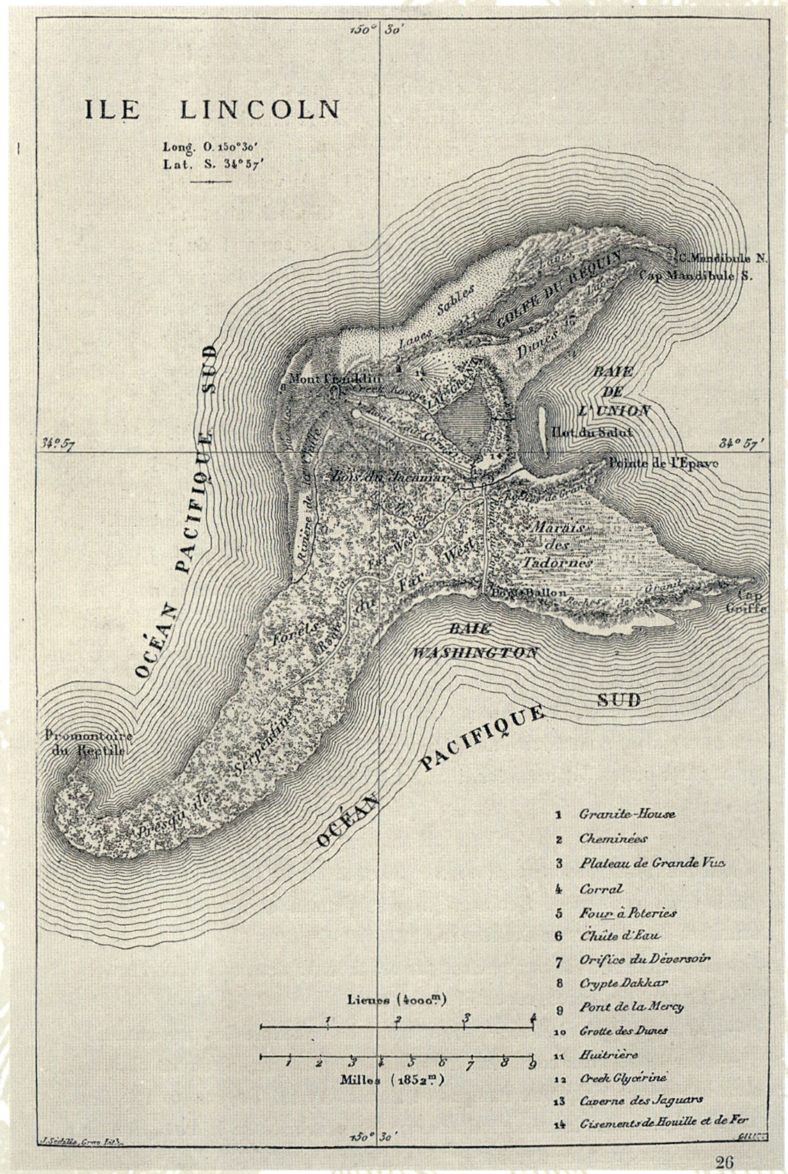

L'île mystérieuse, baptisée « Ile Lincoln » par ses occupants. *(BM Nantes)*

Mais l'une des plus grandes réussites du livre concerne ce qui touche au mystère de l'île. De nombreux phénomènes étranges y ont cours et les cinq naufragés sentent une présence persistante autour d'eux. La grande force de Verne est d'avoir su dévoiler peu à peu, par petites touches, la présence d'un secret, puis sa teneur : là aussi, métaphore, celle du secret de ces fils invisibles qui conduisent le monde et l'existence.

Cette image du *Petit Journal* illustre parfaitement les ennuis que vont connaître Cyrus et ses compagnons lors de leur voyage en ballon. Le Petit Journal, *1890-91 (Coll. Ch. Le Corre)*

Extrait.

Les naufragés commencent à explorer l'île.

Si Cyrus Smith ne se trompait pas dans son évaluation, l'île avait, à peu de choses près, l'étendue de Malte ou Zante, dans la Méditerranée ; mais elle était, à la fois, beaucoup plus irrégulière, et moins riche en caps, promontoires, pointes, baies, anses ou criques. Sa forme, véritablement étrange, surprenait le regard, et quand Gédéon Spilett, sur le conseil de l'ingénieur, en eut dessiné les contours, on trouva qu'elle ressemblait à quelque fantastique animal, une sorte de ptéropode monstrueux, qui eût été endormi à la surface du Pacifique.

Verne aime à représenter l'intérieur d'une grotte comme une voûte de cathédrale. *(Illustration de Férat) (BM Nantes)*

Au fil des mois, sous la direction de Cyrus Smith, les naufragés ne cessent d'améliorer leur mode de vie. *(Illustration de Férat) (BM Nantes)*

HECTOR SERVADAC

Rédigé à partir de 1874. Publié en feuilleton dans le Magasin d'Education et de Récréation *de janvier à décembre 1877. Edité chez Hetzel en 2 volumes en juillet et novembre 1877.*

L'HISTOIRE.

Une météorite géante rencontre la Terre dont elle emporte une partie avec elle : cette partie comprend notamment une portion de l'Algérie où le capitaine Servadac et son ordonnance Ben-Zouf se trouvent en déplacement.

COMMENTAIRE.

Ce roman, du fait de son apparente fantaisie et de ses invraisemblances, a souvent été laissé de côté par la critique et Hetzel lui-même s'est cru obligé d'écrire une préface explicative. En réalité, Verne avait le désir de réaliser une vaste poésie en prose. Très marqué par l'œuvre d'Edgar Poe, il s'est inspiré d'*Eurêka,* texte dans lequel l'Américain raconte l'origine et le devenir des planètes de l'univers. Verne emploie un procédé spectaculaire (la rencontre d'un bolide et de la Terre, le premier emportant un morceau de la seconde) pour chanter l'univers et l'humanité autrement. Toutes les lois de la physique, toutes les règles sociales changent dans ce monde qui n'est plus l'ancien monde tout en en conservant des traces. La force de la narration vernienne est de parvenir à faire se rencontrer tous les langages, du boulevardier au scientifique, du fantastique à l'héroïque, autour d'un fil conducteur qui parle des mystères de la nature. Mais Verne va encore plus loin en faisant apparaître, comme sorti d'un moule, ce continent neuf, inconnu, inexploitable, que l'homme ne peut aborder, seulement contempler : nous sommes ici au cœur de l'art pour l'art.
Toute cette splendeur poétique n'empêche pas Verne de développer un autre de ses talents : l'humour. Ben-Zouf et la garnison anglaise sont irrésistibles.

L'anneau de Saturne. *(Illustration de Philippoteaux) (BM Nantes)*

Des décors hallucinés s'offrent aux regards de Servadac et de ses compagnons. *(Illustration de Philippoteaux) (BM Nantes)*

(Cliché D. Dierick)

Cartonnage d'Hector Servadac. C'est du choc d'une comète contre la Terre que va surgir toute cette histoire totalement hors normes. *(BM Nantes)*

EXTRAIT.

Explorant la nouvelle planète, Servadac et ses compagnons se trouvent face à un continent étrange.

Mais là n'était pas le plus bizarre aspect de ce gigantesque massif. Ce qui devait prodigieusement étonner les explorateurs de la Dobryna, c'est qu'il semblait être « tout neuf ». L'action atmosphérique ne paraissait avoir encore altéré ni la pureté de ses arêtes, ni la netteté de ses lignes, ni la couleur de sa substance. Il se profilait sur le ciel avec une incomparable sûreté de dessin. Tous les blocs qui le composaient étaient polis et brillants comme s'ils fussent à l'instant sortis du moule d'un fondeur. Leur éclat métallique, piqué d'irisations dorées, rappelait celui des pyrites. C'était à se demander si un métal unique, semblable à celui dont la sonde avait rapporté la poussière sous-marine, ne formait pas ce massif, que les forces plutoniennes avaient rejeté au-dessus des eaux.

Michel Strogoff

Rédigé à partir de 1875. Publié en feuilleton dans le Magasin d'Education et de Récréation *de janvier 1876 à décembre 1876. Edité chez Hetzel en 2 volumes en août et novembre 1876.*

L'histoire.

Les Tartares se révoltent contre l'autorité du tsar en Russie. La ville d'Irkoutsk est menacée par les manœuvres d'un traître, Ivan Ogareff. Le télégraphe étant coupé, le tsar charge un courrier, Michel Strogoff, d'apporter un message à Irkoutsk. Strogoff rencontrera sur sa route la jeune Nadia et les journalistes Jolivet et Blount.

Michel Strogoff aperçoit pour la première fois Nadia dans le train l'emmenant de Moscou à Nijni-Novgorod. *(Illustration de Férat) (BM Nantes)*

Commentaire.

Autre *Voyage* très célèbre de Verne, il est le prototype du parfait roman d'aventures, par la simplicité de son intrigue, mais aussi par le talent de l'auteur pour introduire de multiples épreuves et coups de théâtre. Bien entendu, la satire a sa part dans ce roman, contre les mœurs du régime tsariste, mais aussi concernant les procédés des journalistes, même si Jolivet et Blount sont des personnages sympathiques et courageux, parmi les plus réussis d'ailleurs qu'ait créés Verne. Leurs différences, leur rivalité et leur complémentarité sont savamment mises en scène. Leur présence, mais aussi leurs absences, est une preuve du talent, du grand sens de la variation de l'écrivain : plutôt que d'imposer leur constante présence au courrier du tsar, ce qui aurait sans doute fini par alourdir le récit et user l'effet comique, l'auteur ne les fait véritablement se rencontrer qu'à deux reprises ; la plupart du temps, ils s'aperçoivent de loin.

Michel Strogoff est aussi l'occasion de rappeler à quel point la revisitation des mythes est un élément important du cycle. Ainsi, tout ce passage où Michel, aveugle, est guidé par Nadia à travers la Sibérie orientale fait songer au mythe d'Œdipe. Il est intéressant de constater l'étrange symétrie entre Strogoff et la jeune fille : le courrier du tsar va tout faire pour éviter sa mère alors que la jeune fille brave tous les dangers pour retrouver son père. Autre personnage central qui offre une symétrie intéressante avec Strogoff : Ivan Ogareff. Tout au long du récit, on entend parler de la présence à travers les provinces de l'empire d'un courrier du tsar et du traître, mais quoiqu'ils se croisent à deux reprises, aucun des deux n'identifie l'autre. Ce ne sera que dans la deuxième partie du roman qu'ils s'affronteront une première fois, Strogoff se trouvant infiltré dans le camp tartare ; puis, ce sera le duel final, avec cette fois Ogareff qui se trouve infiltré dans la garnison russe d'Irkoutsk, ayant volé de surcroît l'identité de Strogoff.
Ainsi, si *Michel Strogoff* s'avère une course éperdue pour apporter un message au frère du tsar (chacun ayant sa version du message), c'est aussi une chasse aux identités : démasquer celle de l'adversaire et retrouver la sienne.

Le Kremlin moscovite.
Les Beaux Voyages, *Russie.*
(Coll. Ch. Le Corre)

(Coll. R. Lagier)

Les Cosaques russes n'ont pas la réputation d'être modérés dans leurs attaques. Le Petit Journal, *1904 (Coll. Ch. Le Corre)*

EXTRAIT.

Strogoff et Nadia traversent les monts Ourals à bord d'un tarentass, sorte de chariot rapide. Mais un orage éclate, menaçant l'attelage.

En effet, le tarentass, immobile, se trouvait alors à un tournant de la route par lequel débouchait la bourrasque. Il fallait donc le tenir tête au vent, sans quoi, pris de côté, il eût immanquablement chaviré et eût été précipité dans un profond abîme que le chemin côtoyait sur la gauche. Les chevaux, repoussés par les rafales, se cabraient, et leur conducteur ne pouvait parvenir à les calmer. Aux interpellations amicales avaient succédé dans sa bouche les qualifications les plus insultantes. Rien n'y faisait. Les malheureuses bêtes, aveuglées par les décharges électriques, épouvantées par les éclats incessants de la foudre, qui étaient comparables à des détonations d'artillerie, menaçaient de briser leurs traits et de s'enfuir. L'iemschik n'était plus maître de son attelage.

Les merveilles du Dehors : le lac Katrine. *(Illustration de Férat) (BM Nantes)*

Les Indes noires

Rédigé à partir de 1876.
Publié en feuilleton dans Le Temps *de mars à avril 1877. Edité chez Hetzel en avril 1877.*

L'histoire.

Plusieurs années après l'épuisement des houillères d'Aberfoyle, les Ford, une famille de mineurs qui a persisté à vivre à l'intérieur de la fosse, avertissent l'ingénieur James Starr qu'un nouveau filon a été trouvé. Mais des phénomènes mystérieux se produisent dans la fosse.

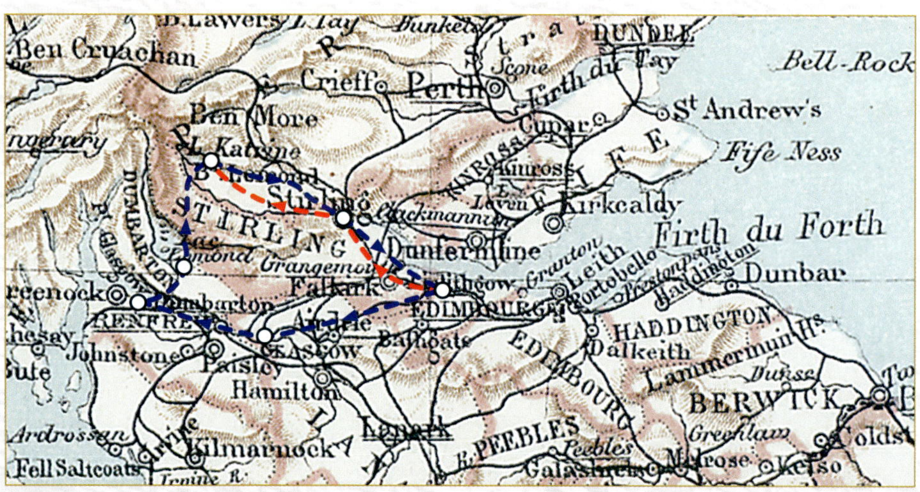

Voyage de James Stan : Edimbourg ➡ Stirling ➡ Lac Katrine.
Voyage de Nell : Lac Katrine ➡ Stirling ➡ Edimbourg ➡ Glasgow ➡ Dumbarton ➡ Lac Lomond ➡ Lac Katrine.
(Coll. R. Lagier)

Commentaire.

Les Indes noires marquent le retour, une quinzaine d'années après le *Voyage en Angleterre et en Ecosse*, de l'œuvre vernienne dans l'un des pays préférés de l'écrivain : l'Ecosse. Le déroulement de l'intrigue doit également beaucoup aux mythes souterrains, notamment à celui, platonicien, de la Caverne. Il y a donc une opposition entre le Bas, où désire vivre désormais la colonie de Simon Ford, et le Haut, où la surpopulation et le chômage guettent, ainsi que les intempéries.

Car c'est bien là, surtout, que se situent les enjeux de cet étrange mais fascinant roman : bien que Simon et Nell reconnaissent et apprécient toutes les beautés de l'Ecosse, ils fuient ce monde du Dehors triste et pluvieux. L'opposition traditionnelle Ville industrielle et Campagne bucolique n'a pas cours, en fait la ville est à peine citée dans le roman. En revanche, le Bas montre ce qui, pour la narration, serait le bon côté d'une industrie à taille humaine : l'énergie, l'activité et la récolte de son travail ; par ailleurs, le souterrain est la sécurité par le fait qu'il est clos et d'un climat constant (ce qui est loin d'être prouvé dans la réalité). On peut être surpris par un tel choix de la part du romancier des voyages, mais il ne faut pas oublier que Nemo ou Ardan sont eux aussi enfermés dans

EXTRAIT.
James Starr arrive non loin de la fosse, en pleine campagne.

Le puits Yarow était situé à quatre milles environ de Callander. James Starr, tout en marchant, ne laissait pas d'être impressionné. Il n'avait pas revu le pays depuis le jour où la dernière tonne des houillères d'Aberfoyle avait été versée dans les wagons du railway de Glasgow. La vie agricole remplaçait, maintenant, la vie industrielle, toujours plus bruyante, plus active. Le contraste était d'autant plus frappant que, pendant l'hiver, les travaux des champs subissent une sorte de chômage. Mais autrefois, en toute saison, la population des mineurs, au-dessus comme au-dessous, animait ce territoire. Les grands charrois de charbon passaient nuit et jour. Les rails, maintenant enterrés sur leurs traverses pourries, grinçaient sous le poids des wagons. A présent, le chemin de pierre et de terre se substituait peu à peu aux anciens tramways de l'exploitation. James Starr croyait traverser un désert.

La campagne écossaise. Cette vision calme et sereine est curieusement mise à mal dans Les *Indes noires* où, de façon inattendue, le narrateur vernien raille la campagne en faveur, non de la ville, mais du sous-sol, qui serait beaucoup plus sain pour l'hygiène humaine ! *(Cliché Samuel Dhote)*

La Vie souterraine. Ici, le « Pénitent », mineur chargé, avec sa flamme, de repérer les échappées de gaz et empêcher les coups de grisou. *(Coll. Ch. Le Corre)*

leurs véhicules ; l'agoraphobie du narrateur vernien (et vraisemblablement de l'auteur) va devenir toujours plus perceptible, ainsi que son intérêt pour un climat sain et constant.
Au total, de telles préoccupations n'empêchent nullement ce roman d'avoir des connotations poétiques d'une grande beauté, qui relèvent du reste autant du monde du Dedans (une mine de charbon qui relierait par ses tunnels toutes les grottes de la terre) que de celui du Dehors (l'Ecosse des légendes).

L'étrange univers de Coal-City, placé dans les profondeurs d'une mine ! *(Illustration de Férat)* *(BM Nantes)*

Un capitaine de quinze ans

Rédigé à partir de 1877. Publié en feuilleton dans le Magasin d'Education et de Récréation *de janvier à décembre 1878. Edité chez Hetzel en 2 volumes en juillet et novembre 1878.*

L'histoire.

Le *Pilgrim* quitte la baie d'Auckland en direction des Etats-Unis, avec, à son bord, Mrs Weldon et son fils de cinq ans. Au cours d'une chasse à la baleine, tout l'équipage périt, sauf le jeune mousse Dick Sand et le cuisinier Negoro.

Commentaire.

Ce roman a la particularité de donner le premier rôle à un adolescent, situation rarissime chez Verne, contrairement à ce qu'on pourrait s'imaginer. Cela dit, loin d'être mièvre, *Un capitaine de quinze ans* est d'une très grande violence, mettant en scène les ravages de l'esclavage et l'un des plus cruels méchants créés par le romancier, Negoro.

Dick Sand et Mistress Weldon tentent de préparer leur itinéraire. *(Illustration de Meyer) (BM Nantes)*

MISSION MARCHAND : Un convoi en mouvement sur la route Congo-Nil. En avant une forge et un avant de chaland métallique.

Dessin de M. Henri MEYER (d'après une photographie du Commandant MARCHAND)

(Coll. R. Lagier)

Les progrès de certaines expéditions scientifiques à travers le continent (notamment celle de Livingstone) vont contribuer à diminuer la zone de « chasse » des trafiquants d'esclaves. *(Coll. Ch. Le Corre)*

Les horribles convois de futurs esclaves, dénoncés par Verne dans *Un capitaine de quinze ans*. Le Monde illustré, *1872 (Coll. Ch. Le Corre)*

Autre particularité, qui tient à son sujet central, le rôle important donné aux Noirs, lesquels, pour une fois, ne sont pas de fidèles serviteurs dévoués à un Blanc généreux, tel Nab dans *L'Île mystérieuse*. Bien qu'il se soit ainsi prononcé contre l'esclavagisme, force est bien de reconnaître que les Noirs n'ont généralement pas un rôle très brillant dans les romans de Verne.

Autre curiosité, la façon dont s'y prend la narration pour tenter de duper le lecteur sur la destination du voyage du *Pilgrim* : pendant plusieurs chapitres, Sand et ses compagnons croient réellement être en Amérique du Sud et il est à noter que Harris est à la fois le premier et le plus brillant d'une longue série de guides fourbes qui vont sévir dans les *Voyages* de façon régulière. Mais ici, plus que de rebondissements, il semble que Verne recherchait surtout une façon pittoresque de mettre en valeur la relativité de la géographie et de la parole humaine.

Ce roman présente de nombreux morceaux de bravoure : la chasse à la baleine par l'équipage du *Pilgrim*, le séjour des compagnons de Sand dans une fourmilière géante et la mort du chef esclavagiste du fait d'une combustion spontanée.

Combat désespéré sur les cataractes du Congo.
(Illustration de Meyer) (BM Nantes)

Extrait.

Arrivés en Angola, Dick Sand et ses compagnons, pour échapper à un orage, trouvent refuge dans une fourmilière.

Heureusement, la fourmilière, très épaisse de parois, était parfaitement imperméable. Une hutte de castors, de terre bien battue, n'eût pas été plus étanche. Un torrent aurait passé dessus, sans qu'une seule goutte d'eau eût filtré à travers ses pores.

Dès que Dick Sand et ses compagnons eurent pris possession du cône, ils s'occupèrent d'en reconnaître la disposition intérieure. La lanterne fut allumée, et la fourmilière s'éclaira d'une lumière suffisante. Ce cône, qui mesurait douze pieds de hauteur au-dedans, avait onze pieds de large, sauf à sa partie supérieure, qui s'arrondissait en forme de pain de sucre. Partout, l'épaisseur des parois était d'un pied environ, et un vide existait entre les étages de cellules qui les tapissaient.

Les tribulations d'un Chinois en Chine

Rédigé à partir de 1878. Publié en feuilleton dans Le Temps *de juillet à août 1879. Edité chez Hetzel en août 1879.*

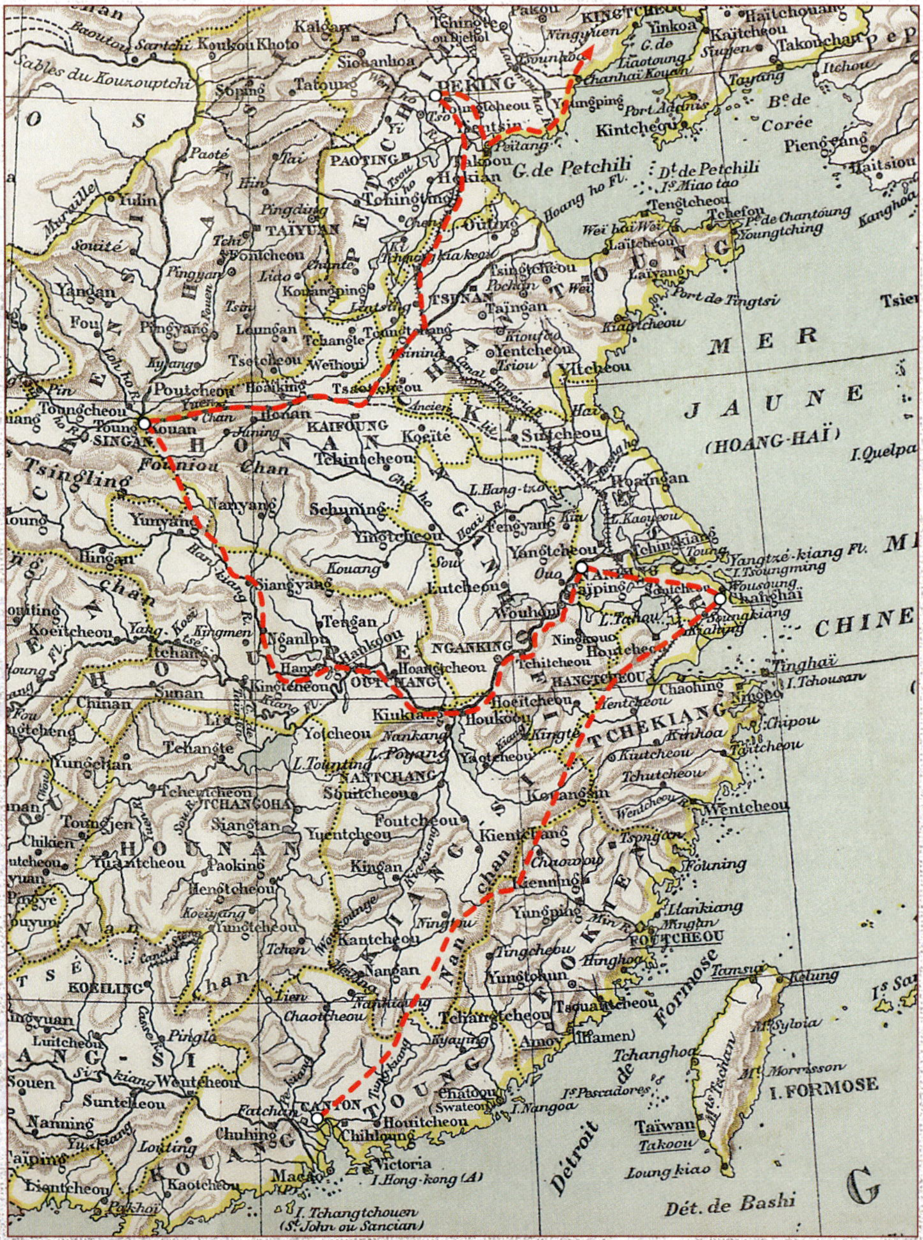

(Coll. R. Lagier)

Canton ➞ Shanghaï ➞ Nanking ➞ Le Fleuve Bleu ➞ Tog Kouan ➞ Fleuve Jaune ➞ le Canal ➞ Pékin ➞ la Muraille. *(Coll. R. Lagier)*

Les représentations de la mort avec toutes sortes de cadavres ou de sépultures sont fréquentes dans les Voyages. Ici, c'est la plaine chinoise transformée en cimetière géant. *(Illustration de Benett, lequel va devenir le principal collaborateur des Voyages extraordinaires) (BM Nantes)*

L'histoire.

Kin-Fo, riche jeune homme résidant à Canton, s'ennuie terriblement. Son ami, le philosophe Wang, veut lui redonner goût à la vie en lui faisant croire que celle-ci est menacée.

Commentaire.

Rendu célèbre par la version filmée (très libre) de Philippe de Broca, ce roman nous offre, selon un principe désormais adopté par Verne, un récit léger après deux œuvres particulièrement graves. Toutefois, sous son aspect facétieux, *Les Tribulations* mettent en valeur les nombreuses réflexions de la narration vernienne sur l'hygiène de vie. Très certainement, la question qui est au centre du

EXTRAIT.

Croyant n'avoir plus que quelques heures à vivre, Kin-Fo veut voir une dernière fois la campagne de Shang-Haï.

Cette campagne richement cultivée, dont l'aspect ne pouvait étonner un indigène, aurait cependant attiré l'attention et peut-être provoqué la répulsion d'un étranger. Partout, en effet, des cercueils s'y montraient par centaines. Sans parler des monticules dont le tertre recouvrait les morts définitivement enterrés, on ne voyait que des piles de boîtes oblongues, des pyramides de bières, étagées comme les madriers d'un chantier de construction. La plaine chinoise, aux abords des villes, n'est qu'un vaste cimetière. Les morts encombrent le territoire, aussi bien que les vivants. On prétend qu'il est interdit d'enterrer ces cercueils, tant qu'une même dynastie occupe le trône du Fils du Ciel, et ces dynasties durent des siècles ! Que l'interdiction soit vraie ou non, il est certain que les cadavres, couchés dans leurs bières [...] attendent pendant des années le jour de la sépulture.

roman est : quelle est la meilleure façon de vivre ? Sûrement pas de se laisser aller à la mollesse et au spleen, comme le fait Kin-Fo au début du roman. L'énergie, dans le sens *entreprenant* du terme, se trouve une fois de plus valorisée. En bougeant, en pourchassant son maître à penser à travers tout l'empire céleste, en surmontant les épreuves les plus diverses, Kin-Fo va retrouver l'appétit de vivre. Avec cette lutte de l'homme contre le spleen, il est possible de voir un premier hommage de Verne à Baudelaire (mort en 1857).

Mais Verne reprend aussi son idée de la nécessité pour une certaine classe sociale d'aller enfin voir ce qui se passe à l'autre bout de la grande ville : ce que fait Kin-Fo, qui va découvrir le quartier des miséreux dans sa cité. Le corps et l'esprit du jeune homme, plongés en permanence jusque-là dans un monde clos et en partie stérile, vont aller à la découverte des dessous du monde qui l'entoure. Le corps, objet en principe tabou dans la littérature de l'époque, est ici curieusement représenté par un dédoublement en la personne des « cousins-jumeaux » Craig et Fry, premiers d'une longue série de doubles qui vont peupler désormais les *Voyages*. Comme l'indique la narration, Fry semble exister pour pouvoir remplacer toute pièce défectueuse chez Craig (ou vice versa) : voilà qui nous ramène vers certains fantasmes bien actuels.

L'impératrice Tseu-Hi, sous le règne de laquelle se déroule cette histoire, avait la réputation d'être peu clémente envers ses sujets désobéissants. A l'origine des fameux « 55 jours de Pékin », elle tenta de faire sortir la Chine de la tutelle occidentale. Le Petit Journal, *1904 (Coll. Ch. Le Corre)*

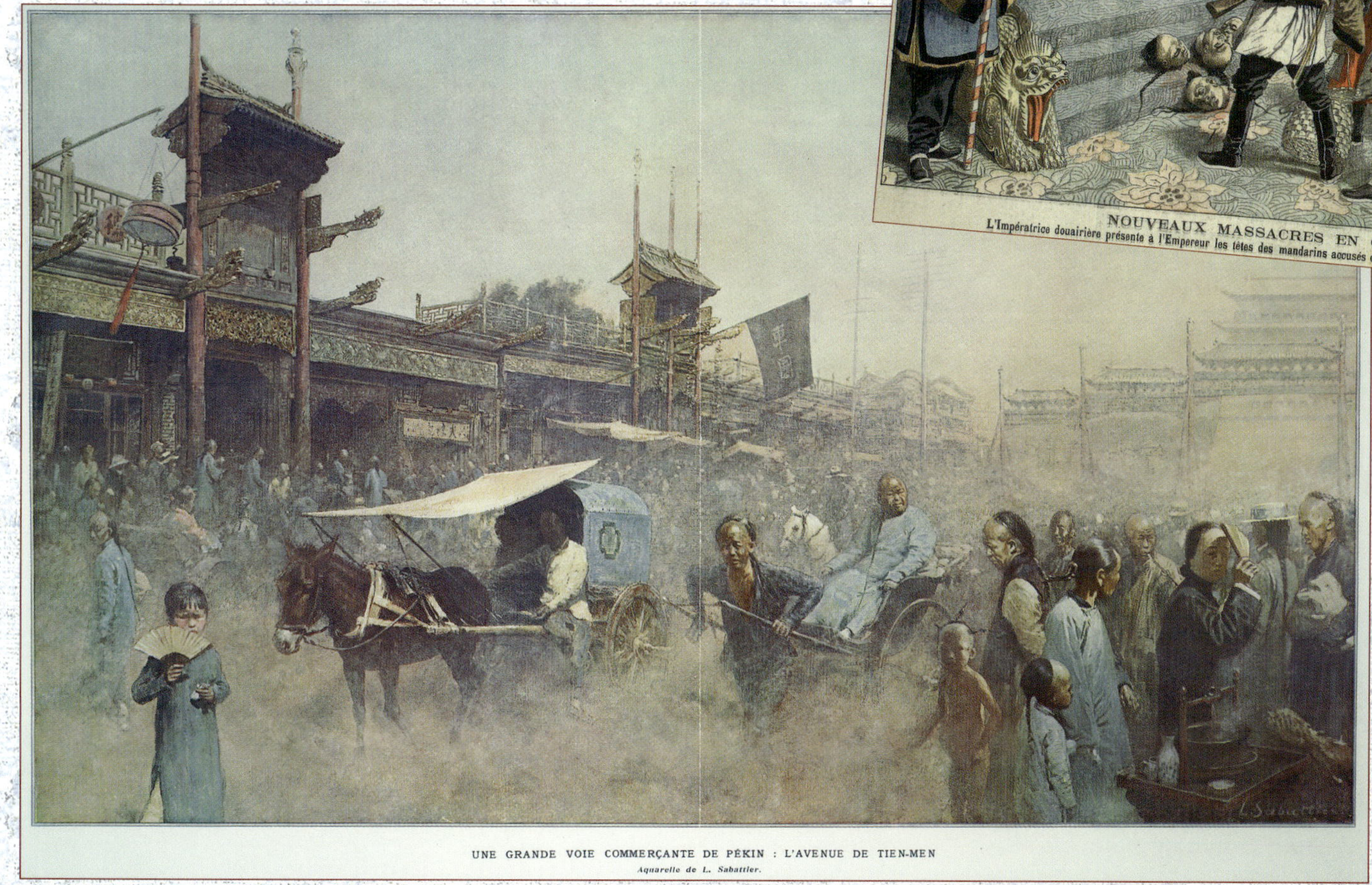

La place Tien An Men. L'Illustration, *25 janvier 1913.*

Les Cinq Cents Millions de la bégum

Rédigé à partir de 1878. Publié en feuilleton dans le Magasin d'Education et de Récréation *de janvier à septembre 1879. Edité chez Hetzel en septembre 1879.*

La vision apocalyptique des forêts de cheminées d'usine. *(Illustration de Benett) (BM Nantes)*

◄

L'histoire.

L'héritage colossal de la veuve d'un rajah indien est partagé entre deux savants : le docteur Sarrasin, hygiéniste français qui crée la cité de France-Ville, et le professeur Schultze, ingénieur allemand (spécialisé dans la fabrication des canons !) qui fonde Stahlstadt. Les deux cités vont bientôt s'affronter.

Commentaire.

Les Cinq Cents Millions de la bégum ne sont pas, à l'origine, de Jules Verne : il s'agit d'une œuvre d'André Laurie (de son vrai nom Paschal Grousset, ancien communard). Il s'agissait déjà de l'affrontement entre deux cités, bâties toutes deux grâce à un héritage commun. Hetzel, qui trouve de nombreuses faiblesses à ce récit, demande à Jules Verne de le relire, puis de donner son avis. Finalement, l'éditeur rachète les droits à Laurie et charge Verne de « refondre » l'ouvrage.

Le résultat final est des plus intéressants, et à l'image de ce que sera une bonne partie désormais de la production de Verne : si l'intrigue, parfois, s'essouffle un peu, il y a toujours des morceaux de bravoure, tant au niveau de l'idée que de l'écriture. Les descriptions de Stahlstadt, sans doute de la main de Verne du fait de ressemblances avec *De la Terre à la Lune* (alors que celles de France-Ville appartiennent plutôt à Laurie) sont d'une grande poésie… infernale. Mais l'un des moments forts du livre est incontestablement celui où les deux héros découvrent le corps congelé de Schultze, rendu géant par un phénomène optique et éternellement figé dans un geste d'écriture : on imagine toutes les interprétations possibles d'une telle figure.

Autre chose à retenir : ce bolide (l'obus géant expédié par le canon de Schultze) qui tournera désormais autour de la planète pour l'éternité ! A la fois un trait d'humour et une nouvelle manière de traiter de la relativité des objets de notre univers.

Une image étrange : un homme immobilisé pour l'éternité dans son geste d'écriture. *(Illustration de Benett) (BM Nantes)*

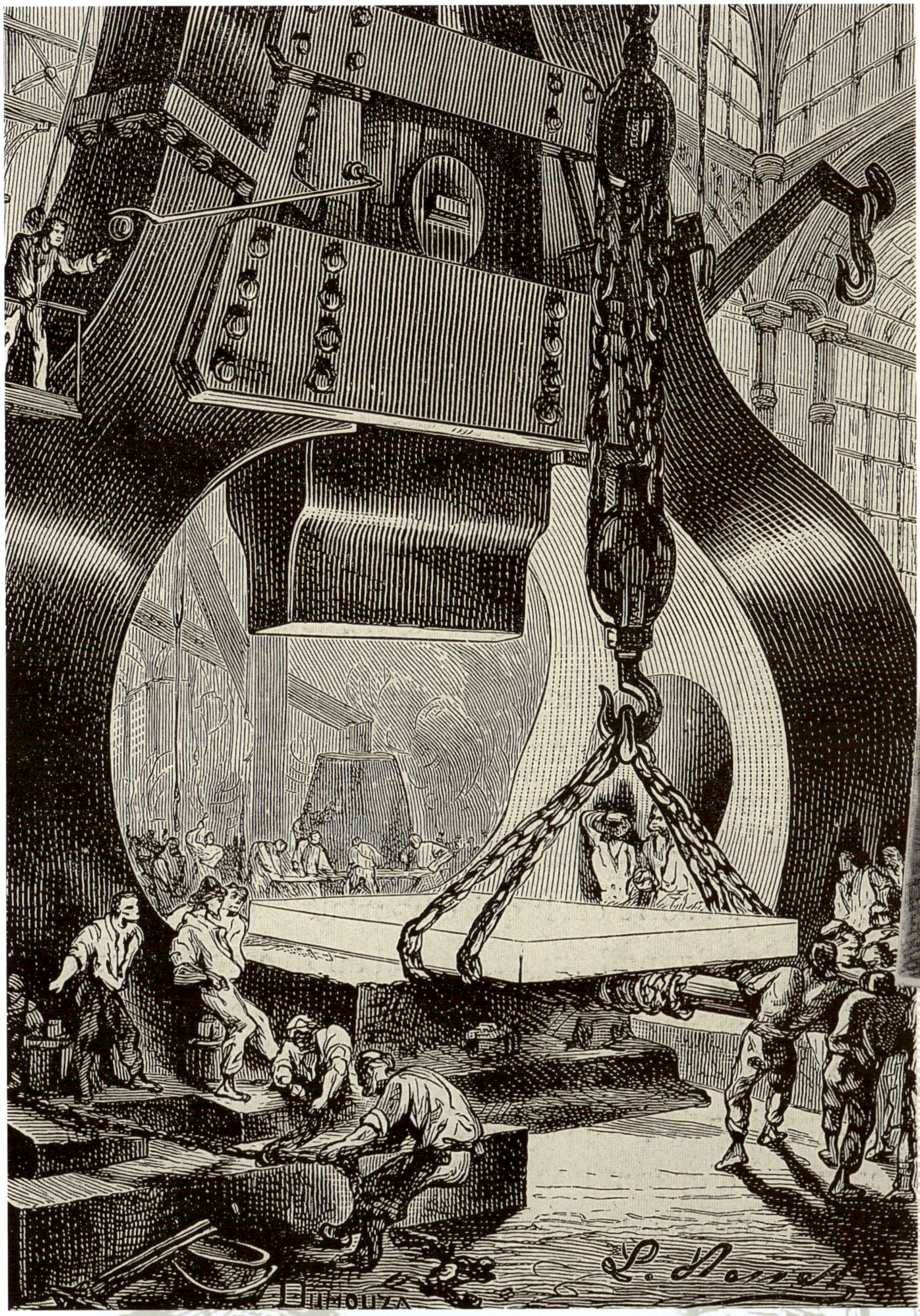

Une fabrique de canon.
Le Monde illustré, 1871 (Coll. Ch. Le Corre)

Verne ne peut s'empêcher d'être fasciné par les travaux titanesques effectués dans certaines de ces fabriques.
(Illustration de Benett) (BM Nantes)

EXTRAIT.

Présentation de Stahlstadt, la Cité de l'Acier.

Qu'on imagine un plateau de cinq à six lieues carrées, au sol sablonneux, parsemé de galets, aride et désolé comme le lit de quelque ancienne mer intérieure. Pour animer cette lande, lui donner la vie et le mouvement, la nature n'avait rien fait ; mais l'homme a déployé tout à coup une énergie et une vigueur sans égales.

Sur la plaine nue et rocailleuse, en cinq ans, dix-huit villages d'ouvriers, aux petites maisons de bois uniformes et grises, ont surgi, apportés tout bâtis de Chicago, et renferment une nombreuse population de rudes travailleurs.

C'est au centre de ces villages, au pied même des Coals-Butts, inépuisables montagnes de charbon de terre, que s'élève une masse sombre, colossale, étrange, une agglomération de bâtiments réguliers percés de fenêtres symétriques, couverts de toits rouges, surmontés d'une forêt de cheminées cylindriques, et qui vomissent par ces mille bouches des torrents continus de vapeurs fuligineuses. Le ciel en est voilé d'un rideau noir, sur lequel passent par instants de rapides éclairs rouges. Le vent apporte un grondement lointain, pareil à celui d'un tonnerre ou d'une grosse houle, mais plus régulier et plus grave.

Cette masse est Stahlstadt, la Cité de l'Acier [...].

La Maison à vapeur

La très insolite locomotive de la machine à vapeur ! *(Illustration de Benett) (BM Nantes)*

Rédigé en 1879. Publié en feuilleton dans le Magasin d'Education et de Récréation de décembre 1879 à décembre 1880. Edité chez Hetzel en 2 volumes en juillet et novembre 1880.

L'histoire.

Dans l'Inde britannique, à l'époque du duel entre le colonel Munro et Nana Sahib, l'ingénieur Banks met au point une locomotive géante, en forme d'éléphant, qui doit lui permettre de traverser toute la péninsule. Munro participe au voyage.

Commentaire.

Pour la première fois, le colonialisme est mis en vedette : en l'occurrence, le colonialisme anglais. Comme toujours, il faut se garder de confondre les réflexions qui s'incrustent dans la narration et ce que pensait réellement Jules Verne. De même, il faut faire la distinction entre les généralités faciles, qui servent d'arrière-plan au récit, et les cas particuliers.

Ainsi, il y a débat pour savoir ce que Jules Verne pensait du colonialisme. C'est un de ces sujets sur lesquels cet auteur, qui était tout le contraire d'un outrancier, n'avait sans doute pas d'avis fermement arrêté. Si Nana Sahib et ses hommes sont montrés comme d'infâmes barbares, le colonel Munro est loin d'attirer la sympathie : la colonisation nous est montrée sous son plus mauvais jour.

Mais *La Maison à vapeur* est d'abord un nouvel effluve de paragraphes d'une grande beauté, grâce au regard de Maucler, le narrateur, aussi sensible que Clawbonny ou qu'Aronnax. Très révélateur également, le personnage qui semble avoir le plus accaparé l'attention de Verne et de Hetzel dans leur correspondance n'est ni Nana Sahib, ni Munro, mais le Hollandais Van Guitt. Véritable héritier des théories diderotiennes sur le mouvement et la mise en scène (cf. *Le Neveu de Rameau* ou *Le Paradoxe du comédien*), ce Hollandais s'exprime à l'aide d'une gestuelle étonnante, de la pantomime, développant un langage qui remet sur le devant de la scène les intérêts de Verne pour le maintien et l'hygiène du corps grâce à une énergie organisée. A noter que réapparaît déjà, après *Les Tribulations d'un Chinois en Chine*, le thème du corps double, avec Nana Sahib et son frère aîné Balao Rao qui lui ressemble physiquement à s'y méprendre.

(Coll. R. Lagier)

Extrait.

Les voyageurs font une halte sur un plateau de l'Himalaya.

Parfois, le ciel de ce tableau s'abaisse à l'œil de l'observateur. Non seulement les hautes cimes, mais la crête moyenne de la chaîne, disparaissent un instant. Ce sont d'épaisses vapeurs qui courent sur la zone moyenne de l'Himalaya et embrument toute sa partie supérieure. Le paysage se rapetisse, et, alors, par un effet d'optique, on dirait que les habitations, les arbres, les croupes voisines, et le Géant d'Acier lui-même, reprennent leur grandeur réelle.

Il arrive aussi que, poussés par certains vents humides, les nuages, moins élevés encore, se déroulent au-dessous du plateau. L'œil ne voit plus alors qu'une mer moutonnante de nuées, et le soleil provoque à leur surface d'étonnants jeux de lumière. En haut, comme en bas, l'horizon a disparu, et il semble que nous soyons transportés dans quelque région aérienne, en dehors des limites de la terre.

Femme nyim-bā, ethnie Bothia, Népal, Himalaya. *(Cliché H. Bancaud)*

Au bord du Gange, à Bénares. *(Cliché B. Colliot)*

Frontispice de *La Jangada.*
(Illustration de Benett) (BM Nantes)

LA JANGADA

Rédigé à partir de 1880. Publié en feuilleton dans le* Magasin d'Education et de Récréation *de janvier à décembre 1881. Edité chez Hetzel en 2 volumes en juin et novembre 1881.

L'HISTOIRE.

Pour pouvoir célébrer un mariage, la famille Garral se déplace au bord d'une jangada, un radeau géant qui va transporter un village entier sur l'Amazone, de l'Equateur au Brésil.

COMMENTAIRE.

S'il fallait un roman pour prouver la complexité de l'écriture vernienne, *La Jangada* fournirait un exemple idéal. Rarement un *Voyage extraordinaire* n'a eu un scénario aussi simple et limpide ; et pourtant, que d'intentions cachées derrière cette limpidité !

Tout d'abord, le jeu avec les mots du texte, afin de montrer que le récit n'est jamais qu'un immense trucage. Déjà avec ce fameux message cryptogramme qui va occuper toute la seconde moitié du récit. Mais aussi à l'aide d'anagrammes ou de symboles qui vont guider le lecteur dans le texte. Ainsi avec Lina qui suit une liane géante qui la conduit à Fregoso… et à la conclusion du récit : Lina, c'est *liane* sans *e*.

La Jangada permet également d'imaginer un autre mode d'existence autarcique. Grâce à ces forêts merveilleuses et généreuses qui surplombent les rives, la famille Garral peut vivre hors de toute civilisation avec son petit univers flottant. Après le *Nautilus* ou Coal City (*Les Indes noires*), voici une autre proposition d'un monde à part, d'un art de vivre particulier.

Enfin, en opposition avec cette joie de vivre, la représentation de la mort, sous son aspect le plus horrible : un cadavre immergé, puis émergeant de l'eau, avant d'être dévoré par les oiseaux. Celui qui représente la vie corrompue de la société (Verne est de plus en plus rousseauiste) voit son corps subir la même corruption.

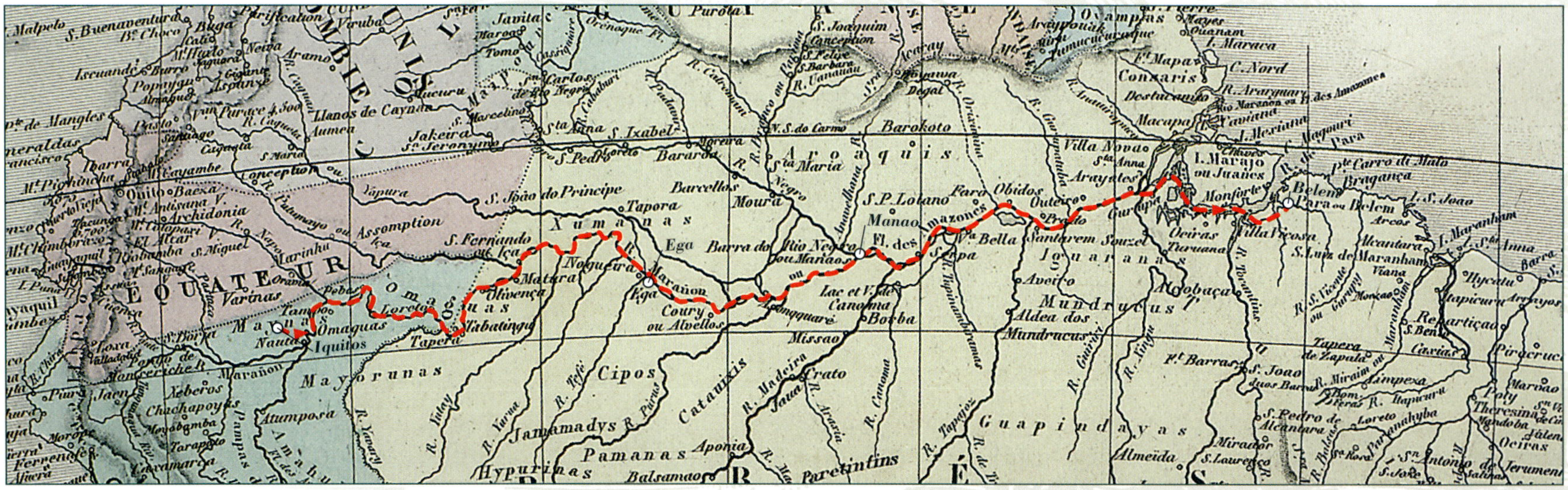

(Coll. R. Lagier)

Intérieur du canot de M. Biard.

▲ Contrairement à ce que l'on pourrait croire, le déplacement d'habitations sur un radeau n'est pas une invention de Jules Verne (qui en a juste exagéré les proportions). D'une façon générale, l'Amazone est le lieu naturel des déplacements et des déménagements. Le Tour du monde, *1861 (Coll. Ch. Le Corre)*

La triste fin de Torrès. *(Illustration de Benett) (BM Nantes)*

EXTRAIT.

Benito Garral, sa sœur Minha et son ami Manoel admirent l'Amazone.

La coloration de ces eaux est un phénomène assez curieux, et il appartient en propre à un certain nombre de tributaires de l'Amazone, quelle que soit leur importance.

Manoel fit remarquer combien cette nuance était chargée en couleur, puisqu'on la distinguait très nettement à la surface des eaux blanchâtres du fleuve.

« On a tenté d'expliquer cette coloration de diverses manières, dit-il, et je ne crois pas que les plus savants soient arrivés à le faire d'une manière satisfaisante.

— Ces eaux sont véritablement noires avec un magnifique reflet d'or, répondit la jeune fille, en montrant une légère nappe mordorée qui affleurait la jangada.

— Oui, répondit Manoel, et déjà Humboldt avait observé comme vous, ma chère Minha, ce reflet si curieux. Mais, en regardant plus attentivement, on voit que c'est plutôt la couleur de sépia qui domine dans toute cette coloration.

— Bon ! s'écria Benito, encore un phénomène sur lequel les savants ne sont pas d'accord ! »

Premiers pas dans la robinsonnade. *(Illustration de Benett) (BM Nantes)*

L'école des ROBINSONS

Rédigé à partir de 1881. Publié en feuilleton dans le Magasin d'Education et de Récréation *de janvier à décembre 1882. Edité chez Hetzel en novembre 1882.*

L'HISTOIRE.

Le milliardaire William Kolderup achète aux enchères une île dans le Pacifique. Son neveu Godfrey, envahi par le spleen, ne se résout pas à répondre à l'intérêt de Phina Hollaney et décide de partir en croisière, accompagné de T. Artelett, professeur de danse et de maintien.

COMMENTAIRE.

Soyons honnête : ce n'est pas, et de loin, l'œuvre la plus trépidante de Verne. Mais ce roman est tout de même un objet de curiosité. Il montre en effet les dessous, les défauts, les exagérations et les répétitions du genre de la robinsonnade. Rarement un romancier aura été aussi loin dans l'autodérision. D'une part, Godfrey ne cesse de se référer à ses lectures pour tenter de survivre sur « son » île ; d'autre part, les trucages de cette robinsonnade ne cessent de devenir de plus en plus voyants, de plus en plus grossiers, voire de plus en plus invraisemblables, ce qui donne lieu d'ailleurs à des passages d'une grande drôlerie.

Le départ de San Francisco. Le Tour du monde, *1862 (Coll. Ch. Le Corre)*

La population de San Francisco.
(Illustration de Benett) (BM Nantes)

Le compagnon de Godfrey, T. Artlett, est professeur de danse et de maintien, ce qui est une nouvelle façon pour Verne de mettre en scène le corps humain, même si, très vite, le professeur s'avère un objet de dérision. Comme souvent, ces corps et ces personnalités se retrouvent dans un lieu clos « idéal » : ici, il est représenté par un arbre géant, « Will-tree », qui devient vite un sympathique et original refuge pour les deux naufragés.

Mais *L'Ecole des Robinsons* représente aussi une étape importante pour un thème vernien qui va trouver un rôle de premier plan au cours de cette nouvelle décennie : au début de ce *Voyage*, Godfrey et Phina communiquent par le biais de la musique. Or, non content d'*accompagner* les sentiments ou les fantaisies de personnages, la musique *remplace* l'expression écrite… certes, le temps de quelques pages seulement. Mais ce roman sur les dessous de l'expression écrite et musicale ouvre la voie d'une nouvelle étape dans le cycle des *Voyages*, de plus en plus porté vers l'esthétisme. Une dernière remarque : l'attitude du Chinois, qui préfère rester isolé dans une autre partie de l'île. Clin d'œil au caractère autarcique et agoraphobe de Verne, qui marque toujours plus ses romans au fil des ans.

Le Petit Journal

Le Petit Journal
CHAQUE JOUR – 6 PAGES – 5 CENTIMES
Administration : 61, rue Lafayette
Les manuscrits ne sont pas rendus

5 CENTIMES SUPPLÉMENT ILLUSTRÉ 5 CENTIMES

Le Petit Journal agricole, 5 cent. ~~ La Mode du Petit Journal, 10 cent.
Le Petit Journal illustré de la Jeunesse, 10 cent.
On s'abonne sans frais dans tous les bureaux de poste

ABONNEMENTS

	SIX MOIS	UN AN
SEINE et SEINE-ET-OISE..	2 fr.	3 fr. 50
DÉPARTEMENTS..........	2 fr.	4 fr. »
ÉTRANGER....	2 50	5 fr. »

Vingtième Année — DIMANCHE 23 MAI 1909 — Numéro 966

UN EMULE DE ROBINSON CRUSOE
sur un rocher français

Le thème du Robinson a traversé tout le XIXe siècle. Le Petit Journal, *1909 (Coll. Ch. Le Corre)*

EXTRAIT.

Naufragés sur une île, Godfrey et T. Artelett cherchent un refuge.

« A défaut de caverne ou de grotte, s'écria Godfrey, voilà une habitation toute trouvée, une maison de bois, une tour, comme il n'y en a pas dans les pays habités ! Là, nous pourrons être clos et couverts ! Venez, Tartelett, venez ! »

Et le jeune homme, entraînant son compagnon, s'introduisit à l'intérieur du séquoia.

Le sol était couvert d'un lit de poussière végétale, et son diamètre n'était pas inférieur à vingt pieds anglais. Quant à la hauteur à laquelle s'arrondissait la voûte, l'obscurité empêchait de l'estimer. Mais nul rayon de lumière ne se glissait à travers les parois d'écorce de cette sorte de cave. Donc, pas de fentes, pas de failles, par lesquelles la pluie ou le vent auraient pu pénétrer. Il était certain que nos deux Robinsons se trouveraient là dans des conditions supportables pour braver impunément les intempéries du ciel.

Le Rayon vert présente une succession de sites idylliques, d'une autre époque, quelque part dans les rainures du Temps. Ici, le steamer s'apprête à pénétrer le détroit de Kerrera. *(Illustration de Benett) (BM Nantes)*

Le Rayon vert

Rédigé à partir de 1881. Publié en feuilleton dans Le Temps *de mai à juin 1882. Edité chez Hetzel en juillet 1882.*

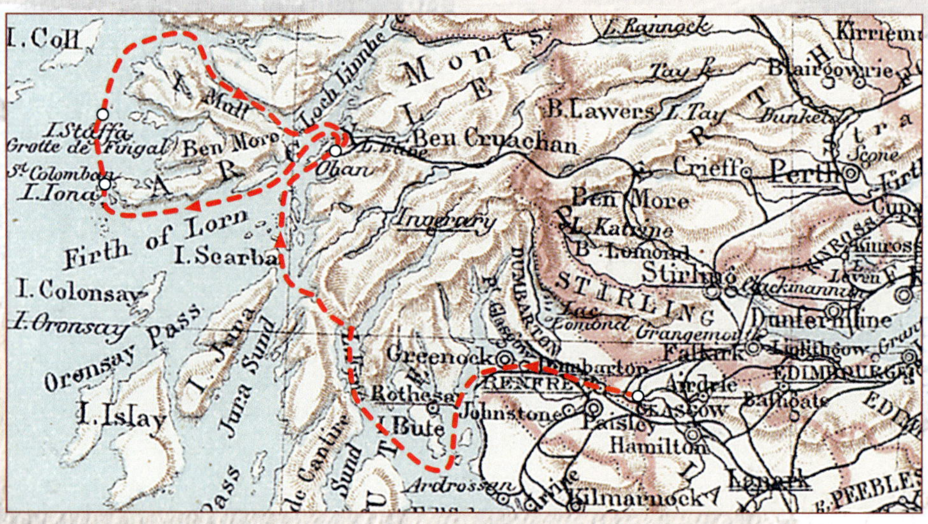

(Coll. R. Lagier)

L'histoire.

Helena Campbell lit un article vantant le phénomène du rayon vert. Ses oncles, les frères Melvill, la pressant de se marier, elle annonce qu'elle ne le fera qu'après avoir vu le fameux rayon. Son prétendant officiel, le docteur Ursiclos, et Olivier Sinclair, jeune peintre qu'elle sauve de la noyade, se joignent à eux dans cette excursion à travers les îles écossaises.

Commentaire.

Longtemps négligé par la critique vernienne, ce roman est désormais considéré comme l'un des plus importants du cycle des *Voyages*. Sous son apparence pittoresque, on trouve dans cette œuvre d'importants moments de bravoure, essentiels pour comprendre l'esthétique de l'ensemble de l'œuvre. Tout d'abord, *Le Rayon vert* marque la fin des grandes explorations (même si on en trouvera encore quelques-unes au cours de la prochaine décennie). A défaut de chercher des territoires inconnus sur la carte, Helena et Olivier sont dans une perspective d'introspection : qui suis-je ? que veux-je ? d'où viens-je ? où vais-je ? Le rayon vert n'est qu'un prétexte pour se tester, pour éprouver sa détermination et sa capacité de lire les signes de l'univers. Une fois compris le symbole de la grotte de Fingal, les deux héros ne s'intéresseront plus au rayon qui apparaîtra devant eux. Helena va donc abandonner l'avenir industriel de Glasgow pour une remontée dans le temps en visitant le reliquaire d'Oban, au contact avec une nature inviolée au fond du gouffre de la grotte magique.

Objet d'art, lieu-artiste, à la fois mobile dans son acoustique et sa luminosité, ses flots et ses crevasses, et en même temps immuable dans son espace-temps hors de toute Histoire, nous sommes, dans cette grotte, à la fois ailleurs et dans le lieu de tous les possibles. Véritable « point suprême » dans le sens surréaliste du terme.

Le Rayon vert favorise la réunion des arts : la littérature, la musique résonnant dans la grotte de Fingal, les réminiscences sur l'Histoire, la poésie romantique et, également, la peinture, jusque-là peu présente dans le cycle. Elle apparaît avec le peintre Olivier Sinclair et la couleur verte (mais les coloris étaient très présents déjà dans *Voyages et aventures du capitaine Hatteras*).

Les Plus Beaux Voyages, Écosse. *(Coll. Ch. Le Corre)*

EXTRAIT.
Helena et ses compagnons se mettent en quête du fameux rayon.

Chaque soir, Miss Campbell, Olivier Sinclair, le frère Sam, le frère Sib, dame Bess et Partridge, assis sur quelque roche que baignaient les petites ondulations de la marée, assistaient consciencieusement au coucher du soleil sur d'admirables fonds de lumière, plus splendides, sans doute, que si la pureté du ciel eût été parfaite. Un artiste aurait battu des mains devant ces magnifiques apothéoses qui se développaient à la chute du jour, devant cette éblouissante gamme de couleurs, se dégradant d'un nuage à l'autre, depuis le violet du zénith jusqu'au rouge d'or de l'horizon, devant cette éblouissante cascade de feux rebondissant sur des roches aériennes ; mais, ici, les roches étaient des nuages, et ces nuages, mordant le disque solaire, absorbaient avec ses derniers rayons celui que cherchait en vain l'œil des observateurs.

Alors, l'astre couché, tous se relevaient, désappointés, comme les spectateurs d'une féerie dont le dernier effet a manqué par la faute d'un machiniste […].

Une nouvelle représentation de la mort : les pierres funéraires de l'île d'Iona. *(Illustration de Benett) (BM Nantes)*

La multitude d'îles que comporte l'Ecosse le long de ses côtes est une occasion de plus pour voir surgir toutes sortes d'histoires anciennes ou de légendes. L'île de Staffa sera l'apogée de cette traversée. *(Cliché Samuel Dhote)*

Kéraban le Têtu

Rédigé à partir de 1882. Publié en feuilleton dans le Magasin d'Education et de Récréation *de janvier à octobre 1883. Edité chez Hetzel en 2 volumes en juin et septembre 1883.*

Odessa, l'une des étapes du périple de Kéraban. Place forte russe, elle est surtout montrée sous l'angle militaire. *(Illustration de Benett) (BM Nantes)*

L'histoire.

Refusant de payer un droit de passage pour traverser le Bosphore, le Turc Kéraban décide de faire le tour de la mer Noire, accompagné par son ami Van Mitten.

Commentaire.

Comme pour *Le Tour du monde en quatre-vingts jours,* on part, dans *Kéraban le Têtu*, d'un prétexte mineur pour effectuer un voyage circulaire. Il s'agit là aussi d'un roman devenu par la suite une pièce de théâtre, à cette différence près que le roman lui-même a toutes les apparences d'une pièce. Par ses outrances de langage, ses vociférations, le seigneur Kéraban a tout de l'acteur cabotin. De plus, le récit compte un grand nombre de dialogues, d'ailleurs très réussis, particulièrement ceux entre Kéraban et Van Mitten. Mais surtout, ce sont des situations qu'on retrouve fréquemment au théâtre, comme le mariage forcé de Van Mitten avec la terrible Saraboul.

Ce qui surprend dans ce *Voyage,* c'est qu'en dépit de son caractère de roman-théâtre, on peut voir en lui également un récit épique, une cavalcade dans le plus pur style des romans d'action du XIXe siècle. Enlèvements, tempêtes, duel contre les éléments, les animaux et les hommes, batailles, complots, etc. Action et dialogues ne cessent d'alterner, avec également ces descriptions-recompositions du décor qui font désormais la griffe du romancier.

A tout ceci s'ajoute cette incessante recherche d'une hygiène de vie qui joue un grand rôle dans ce roman : quel est le meilleur tabac à fumer ? Quel est le meilleur poids pour un bon vivant digne de ce nom ? De quelle manière, dans quel état d'esprit doit-on voyager ? De plus en plus, les *Voyages* ont une valeur pédagogique sur eux-mêmes !

Constantinople ➡ Odessa ➡ Kertch ➡ Trébizonde ➡ Scutari ➡ Constantinople. *(Coll. part.)*

Le pont de Galata, qui relie la Turquie européenne à la Turquie asiatique. C'est parce qu'il refuse de payer ▲ une taxe pour avoir le droit de passer sur ce pont que Kéraban va se lancer dans sa folle équipée. *(Coll. Ch. Le Corre)*

EXTRAIT.

Kéraban et ses compagnons traversent la Crimée à bord d'un cabriolet.

C'est une impression toute particulière, mais qui n'est pas sans charme, que de se sentir emporté au trot soutenu d'un attelage, au milieu d'une obscurité profonde, à travers un pays inconnu, où les villages sont très éloignés les uns des autres, les rares fermes disséminées dans la steppe à de grandes distances. Le grelot des chevaux, le cadencement irrégulier de leurs sabots sur le sol, le grincement des roues à la surface des terrains sablonneux, leur choc aux ornières de chemins fréquemment ravinés par les pluies, les claquements de fouet du postillon, les lueurs des lanternes, qui se perdent dans l'ombre, lorsque la route est plane, ou s'accrochent vivement aux arbres, aux blocs de pierre, aux poteaux indicateurs, dressés sur les remblais de la chaussée, tout cela constitue un ensemble de bruits divers et de visions rapides, auxquels peu de voyageurs sont insensibles. On les entend, ces bruits, on les voit, ces visions, à travers une demi-somnolence qui leur prête un éclat quelque peu fantastique.

Vue sur l'Anatolie centrale. *(Cliché Nathalie Cuvelier/Hoa-Qui)* ▼

L'étoile du Sud

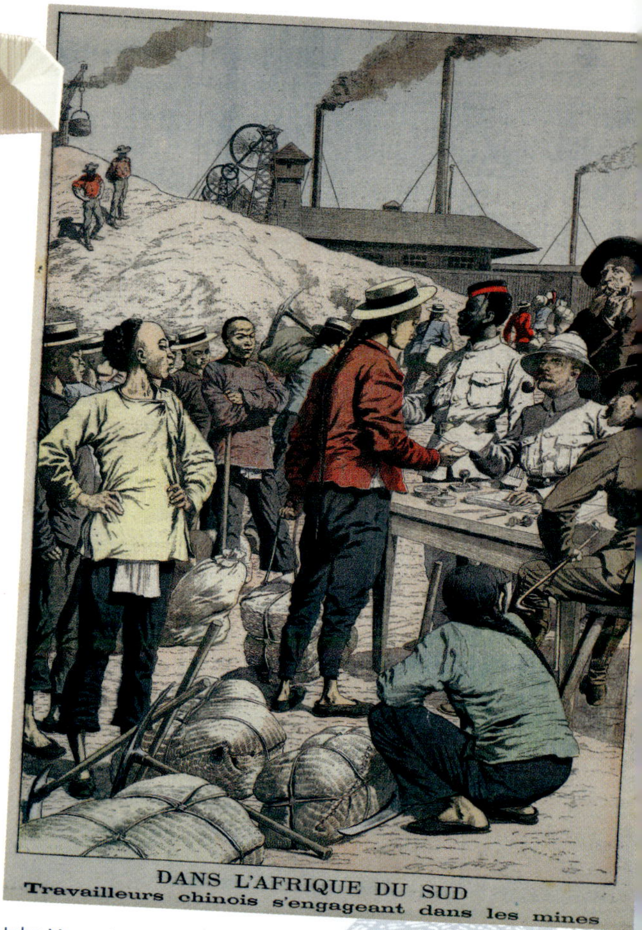

Jules Verne évoque fréquemment l'immigration chinoise. A deux reprises, un Chinois joue même un rôle important dans un de ses romans. Li est d'ailleurs le personnage le plus positif de *L'Etoile du Sud*. Ci-contre, des travailleurs chinois s'engageant dans les mines d'Afrique du Sud.
Le Petit Journal, 1904 (Coll. Ch. Le Corre)

A défaut de cheval, une girafe peut servir de coursier. *L'Etoile du Sud* est le roman de Verne qui met le plus en valeur les animaux. *(Illustration de Benett) (BM Nantes)*

Rédigé en 1883. Publié en feuilleton dans le** Magasin d'Education et de Récréation **de janvier à décembre 1884. Edité chez Hetzel en novembre 1884.

L'HISTOIRE.

En Afrique du Sud, un jeune savant français fabrique un gros diamant qui disparaît mystérieusement. S'ensuit une course poursuite après le voleur supposé.

COMMENTAIRE.

Comme pour *Les Cinq Cents Millions de la bégum*, *L'Etoile du Sud* est à l'origine un manuscrit d'André Laurie que Verne est chargé de réécrire. Une fois de plus, à partir d'un « simple » roman d'aventures, le romancier va ciseler, si l'on peut dire, un petit bijou.

Il n'est pas (ou quasiment pas) de roman de Verne qui n'ait apporté un élément nouveau au cycle : on pense bien sûr à l'exploration d'une nouvelle terre, mais aussi à l'observation, sous un angle

Les victimes d'un éboulement dans la mine de diamants. Verne n'a cessé tout au long de son œuvre de critiquer (voire de maudire !) cette fièvre de métaux précieux, or ou diamants, qui s'est emparée de l'homme dans la seconde moitié du XIXe siècle. *(Illustration de Benett) (BM Nantes)*

neuf, d'un de ces centres d'intérêt : l'origine de l'homme, l'hygiène de vie, le lieu idéal et autarcique, etc. ; ou encore un hommage rendu à un écrivain, comme Poe, Cooper, Dickens ou Hugo. *L'Etoile du Sud* est sans doute, avec sa théorie du tout-charbon développée au début du roman, un clin d'œil aux philosophes du XVIIIe siècle. On songe ici à Diderot et au *Rêve de d'Alembert*. Par sa construction, le roman nous montre aussi un autre Tout attractif : le diamant. Tous les personnages, positifs ou négatifs, se ruent vers lui, y compris l'autruche Dada qui avale la fameuse Etoile du Sud. Après avoir attiré vers lui les différents personnages, après s'être placé au centre de l'intrigue, le diamant devient également la finalité de la quête artistique : la mine de diamants du roi Tonaïa est en effet un des plus étonnants « points suprêmes » de Verne (cf. Extrait).

Extrait.

Le jeune savant et un de ses compagnons pénètrent dans la mine de diamants du roi Tonaïa.

Tous deux se trouvaient au centre d'une grotte immense. Le sol en était couvert d'un sable fin tout pailleté d'or. Sa voûte, aussi haute que celle d'une cathédrale gothique, se perdait dans des profondeurs insondables au regard. Les parois de cette substruction naturelle étaient tapissées de stalactites, d'une variété de tons et d'une richesse inouïes, sur lequel le reflet des torches jetait des feux d'arc-en-ciel, mêlés à des embrasements de fournaises, à des radiations d'aurores boréales. Les couleurs les plus chatoyantes, les formes les plus bizarres, les tailles les plus imprévues, caractérisaient ces cristallisations innombrables. Ce n'étaient pas, comme dans la plupart des grottes, de simples arrangements de quartz en larmes, se reproduisant avec une uniformité pleine de monotonie. Ici la nature, donnant libre carrière à sa fantaisie, semblait s'être complu à épuiser toutes les combinaisons de teintes et d'effets, auxquelles se prête si merveilleusement la vitrification de ses richesses minérales.

(Coll. R. Lagier)

L'archipel en Feu

Rédigé en 1883. Publié en feuilleton dans Le Temps de juin à août 1884. Edité chez Hetzel en août 1884.

L'HISTOIRE.
Le duel entre un officier français, Henri d'Albaret, et le pirate Nicolas Starkos, tous deux voulant épouser la belle Hadjine, sur fond de guerre entre les indépendantistes grecs et l'Empire ottoman.

Nauplie. Cette ville fut un temps la capitale de la Grèce au XIXe siècle. *(Illustration de Benett) (BM Nantes)*

(Coll. R. Lagier)

Les terribles combats pour l'indépendance de la Grèce. Le Monde illustré, *1867. (Coll. Ch. Le Corre)*

EXTRAIT.

Dans la ville d'Arkassa a lieu une vente aux esclaves, dans un batistan.

Ce batistan contenait alors une centaine de prisonniers, hommes, femmes, enfants, solde des dernières razzias faites dans le Péloponnèse. Entassés pêle-mêle au milieu d'une cour sans ombre, sous un soleil encore ardent, leurs vêtements en lambeaux, leur attitude désolée, leur physionomie de désespérés, disaient tout ce qu'ils avaient souffert. À peine nourris et mal, à peine abreuvés et d'une eau trouble, ces malheureux s'étaient réunis par famille jusqu'au moment où le caprice des acheteurs allait séparer les femmes des maris, les enfants de leur père et mère. Ils eussent inspiré la plus profonde pitié à tous autres qu'à ces cruels « bachis », leurs gardiens, que nulle douleur ne savait plus émouvoir. Et ces tortures, qu'étaient-elles auprès de celles qui les attendaient dans les seize bagnes d'Alger, de Tunis, de Tripoli, où la mort faisait si rapidement des vides qu'il fallait les combler sans cesse ?

COMMENTAIRE.

Ce n'est pas la meilleure œuvre de Verne, mais elle a le mérite de nous présenter et de nous faire comprendre la guerre d'indépendance de la Grèce. Avec ce *Voyage*, d'ailleurs, va se préciser une tendance méditerranéenne dans la géographie vernienne. Les différents protagonistes vont d'îles en îles et on imagine l'effet que peuvent prendre les Cyclades chez un créateur d'îles et de cycles tel que Verne.

Si la plupart des personnages sont somme toute conventionnels, celui d'Andronika Starkos, la mère du bandit, est intéressant et confirme (au contraire de ce qu'on a souvent dit) l'importance des figures féminines dans les *Voyages*. Le matriarcat y joue un rôle de plus en plus visible, entamé déjà avec Marfa Strogoff, la mère de Michel Strogoff. Andronika Starkos est en tout cas une redoutable combattante.

On remarquera également qu'est à nouveau abordé le thème de l'esclavage, conséquence de cette guerre.

La Crète eut sa part de souffrances lors de ce conflit. Le Petit Journal, *1896 (Coll. Ch. Le Corre)*

MATHIAS SANDORF

Rédigé à partir de 1883.
Publié en feuilleton dans Le Temps *de juin à septembre 1885. Edité chez Hetzel en 2 volumes en juillet et août 1885.*

Trieste 1
Pisino 2
Raguse 3
Cattaro 4
Brindisi 5
Malte 6
Antekirtta 7
(ville imaginaire)
Catane 8
Ceuta 9
Gibraltar 10
Monte-Carlo 11
Tunis 12
Tripoli 13

(Coll. R. Lagier)

L'HISTOIRE.

Le comte Mathias Sandorf participe à un complot d'indépendantistes hongrois contre l'empire d'Autriche. Mais il est dénoncé par le banquier Rosenthal et son complice Sarcany. Jeté en prison, Sandorf jure de se venger.

COMMENTAIRE.

Directement inspiré du *Comte de Monte-Cristo*, *Mathias Sandorf* n'en fait pas moins partie de l'imaginaire vernien. Le thème de l'homme solitaire accédant à la puissance et rendant la justice, s'il fait songer à Edmond Dantès, rappelle également le capitaine Nemo. Du reste, une fois libre, Sandorf devient un médecin, un scientifique, également au courant des dernières technologies. Ses hommes de main sont des acrobates, profession chère à Verne. S'y trouvent également mêlées une énigme codée à résoudre et une cité utopique créée de toutes pièces par Antékirtt. Le résultat final donne un superbe roman d'action, peut-être moins intégré toutefois dans les thèmes de réflexion habituels de Verne : comme si celui-ci avait voulu se changer les idées !

Malte. Ile au passé historique tumultueux, lieu de passage incontournable au cœur de la Méditerranée. *(Coll. Ch. Le Corre)* ▼

Raguse. Comme Alexandre Dumas avec son *Comte de Monte-Cristo*, dont l'intrigue est d'ailleurs identique, Jules Verne place la Méditerranée comme toile de fond de son roman. A bord de son bateau le *Saint-Michel III*, l'écrivain a parcouru lui-même les côtes surplombant la *Mare Nostrum*. *(Illustration de Benett) (BM Nantes)*

Le grand canal de Trieste. *(Illustration de Benett) (BM Nantes)*

Brindisi. *(Illustration de Benett) (BM Nantes)*

EXTRAIT.

Il y a un mystère autour de ce docteur Antékirtt dont nul ne sait où il réside, si ce n'est quelque part sur les côtes de la Méditerranée.

De quel secret endroit de cette mer, dont certains atterrages sont peu connus encore, le docteur Antékirtt avait-il fait choix pour y vivre ? Il y a des îles par centaines, des îlots par milliers, sur le périple de cet immense bassin. On chercherait vainement à en compter les pointes et les criques. Que de peuples, différents de race, de mœurs, d'état politique, se pressent sur ce littoral, où l'histoire de l'humanité a mis son empreinte depuis plus de vingt siècles, des Français, des Italiens, des Espagnols, des Autrichiens, des Ottomans, des Grecs, des Arabes, Egyptiens, Tripolitains, Tunisiens, Algériens, Marocains – même des Anglais, à Gibraltar, à Malte et à Chypre. Trois vastes continents l'enserrent de leurs rivages : l'Europe, l'Asie, l'Afrique. Où donc le comte Mathias Sandorf, devenu le docteur Antékirtt – nom qui était cher aux pays orientaux –, avait-il cherché la lointaine résidence, dans laquelle allait s'élaborer le programme de sa vie nouvelle ?

UN BILLET DE LOTERIE

Rédigé en 1885. Publié en feuilleton dans le Magasin d'Education et de Récréation *de janvier à novembre 1886. Edité chez Hetzel en novembre 1886.*

L'HISTOIRE.

Dame Hansen et sa fille Hulda tiennent une auberge dans le Telemark, en Norvège. Elles guettent le retour d'Ole Kamp, cousin et fiancé d'Hulda, parti en mer. Il leur écrit pour leur prédire la fortune grâce à un billet de loterie qu'il a acheté. Mais les deux dames n'ont bientôt plus de nouvelles de lui.

COMMENTAIRE.

Ce roman est le seul de Jules Verne à se dérouler en Scandinavie, bien que l'auteur s'y soit lui-même rendu en 1861. L'intrigue en est extrêmement réduite et ressemble plutôt à un conte. Toutefois, on peut y relever quelques particularités. Tout d'abord, la fascination de Jules Verne pour les chiffres connaît ici une évolution puisqu'il s'agit de numéros liés au hasard et au destin. Le numéro gagnant n'est d'ailleurs pas dénué de symbolique : il correspondrait à la date de la mort de Victor Hugo[1] !

D'autre part, sont étudiées, une fois de plus, par le petit bout de la lorgnette si l'on peut dire, les conditions d'une hygiène de vie, liée à un logement, au régime alimentaire, au cadre de l'habitat et surtout à la façon d'appréhender sa condition. En cela, Mme Hansen, M. Sandgoïst et le professeur Sylvius Hog ont des opinions bien divergentes.

C'est l'occasion de rappeler ici ce que Verne doit à l'héritage romantique : l'imprégnation par l'âme de sites décrits de façon extraordinaire ; cadre naturel n'appartenant à aucune époque particulière ;

Le port de Bergen. *(Illustration de Roux) (BM Nantes)*

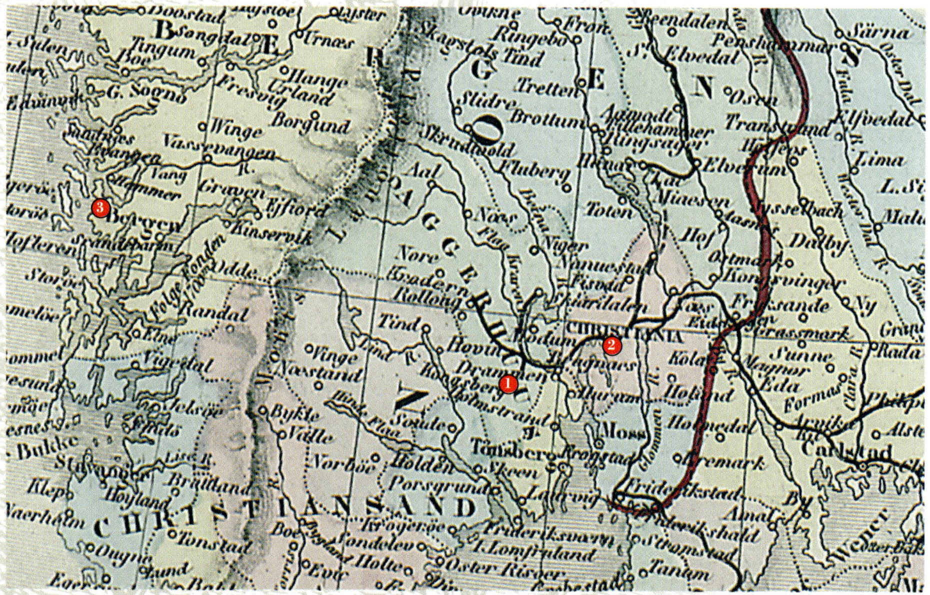

(Coll. R. Lagier)

1 Drammen ; 2 Christiania ; 3 Bergen

EXTRAIT.
Hulda et son frère Joël vont à la rencontre d'un voyageur, Sylvius Hog, qui a retenu une chambre à l'auberge.
Cependant, il fallut encore atteindre une altitude plus élevée. La vallée ne donnait guère passage qu'au cours resserré du Maan, entre deux murailles coupées à pic. Sur les fields voisins apparaissaient une vingtaine de maisons isolées, des ruines de soeters ou de gaards, livrées à l'abandon, des cabanes de pâtres, perdues entre les bouleaux et les hêtres. Bientôt, il ne fut plus possible de voir la rivière ; mais on l'entendait mugir dans le sonore encaissement des roches. La contrée avait pris un aspect grandiose et sauvage à la fois, en élargissant son cadre jusqu'à la crête des montagnes.

Le folklore norvégien, mis en scène lors de l'Exposition universelle de 1900. Le Petit Journal, *1900 (Coll. Ch. Le Corre)*

Les très typiques églises norvégiennes étaient au nombre de 1200 au Moyen Âge. Il n'en reste plus que trente de nos jours dont celle de Heddal, la plus grande, citée par Verne dans le roman. *(Illustration de Roux) (BM Nantes)*

lutte courageuse du faible contre l'adversité ; présence obsédante d'histoires légendaires qui s'intègrent dans les esprits et servent à expliquer chaque événement un peu particulier ; autant de traces du romantisme d'autant plus marquées que les nombreux autres aspects de l'imaginaire vernien sont curieusement absents de ce *Voyage*, simple balade au milieu de tant de périples.

Un thème très récurrent, toutefois, apparaît en toile de fond : celui du voyageur perdu dont on attend le retour (rappelons-nous des *Enfants du capitaine Grant* ; mais ce sera également le cas pour *Mistress Branican*, *Le Superbe Orénoque*, *Le Sphinx des glaces*...) ; seulement, ici, aucune expédition n'est organisée pour partir à la recherche d'Ole Kamp. Le seul véritable voyage sera celui qui conduira... au tirage de la loterie !

1. D'après Olivier Dumas, président de la Société Jules Verne.

ROBUR LE CONQUÉRANT

Rédigé en 1885. Publié en feuilleton dans le Journal des Débats *de juin à août 1886. Edité chez Hetzel en août 1886.*

L'HISTOIRE.

Les membres du Weldon Institute, dirigés par Uncle Prudent, contestent à l'ingénieur Robur la possibilité de voler avec des engins plus lourds que l'air. Mais par la suite, Uncle Prudent et ses compagnons vont se faire enlever par Robur qui va leur faire vivre un tour du monde aérien à bord de l'*Albatros*.

COMMENTAIRE.

Peu de temps après *Mathias Sandorf*, Verne remet en scène un héros qui accède au pouvoir personnel par sa force de volonté et par son ingéniosité. Mais Robur est en fait beaucoup plus proche de Nemo : de même que le *Nautilus* permettait à ce dernier d'être le maître des eaux, l'*Albatros* rend Robur maître de l'air. Comme son célèbre prédécesseur, Robur a coupé les ponts avec la société. Mais il y a quelque chose de beaucoup plus agressif chez ce personnage. Ce quelque chose tient sans doute à l'aspect guerrier de l'*Albatros*, qu'il conserve tout au long du récit, alors que le *Nautilus* faisait oublier ce côté agressif en faveur des scènes merveilleuses qui s'accumulaient tout au long du roman. Par ailleurs, l'échange verbal entre Nemo et Aronnax humanisait le récit, ce qui est loin d'être le cas entre Robur et Uncle Prudent.

Autre différence, la perspective dominante de ces spectateurs, examinant le paysage d'*en haut !* Les voyageurs du *Nautilus* restent surtout des spectateurs éblouis d'un monde qui ne peut que les rendre meilleurs. Tandis que ce monde que voient Robur, son équipage et leurs passagers forcés, c'est déjà le leur, mais réduit à une taille microscopique. Aussi, en dépit de bons mouvements dont fait preuve parfois Robur, ce roman est-il une réflexion assez sombre sur les errements, les tentations possibles de l'homme devenu maître d'une technique guerrière.

La traversée des montagnes Rocheuses. *(Illustration de Benett) (BM Nantes)*

Les hauteurs de l'Himalaya ne sont pas un obstacle pour l'Albatros.
(Cliché L.M. Blanchard) (Extrait de Tibet, cavaliers du vent, paru aux Éditions Ouest-France)

(Coll. R. Lagier)

Le survol de Paris par l'Albatros est un des moments forts du roman. *(Coll. M. Sclaresky)*

Extrait.

L'*Albatros* traverse les montagnes Rocheuses.

*Ce fut à travers un de ces canyons que l'*Albatros* s'engagea, après avoir modéré sa vitesse, afin de ne point se heurter contre les parois du col. Le timonier, avec une sûreté de main que rendait plus efficace encore l'extrême sensibilité du gouvernail, le manœuvra comme il eût fait d'une embarcation de premier ordre dans un match du Royal Thames Club. Ce fut vraiment extraordinaire. Et, quelque dépit qu'en ressentissent les deux ennemis du « plus lourd que l'air », ils ne purent qu'être émerveillés de la perfection d'un tel engin de locomotion aérienne.*

*En moins de deux heures et demie, la grande chaîne fut traversée, et l'*Albatros* reprit sa première vitesse à raison de cent kilomètres. Il repiquait alors vers le sud-ouest, de manière à couper obliquement le territoire de l'Utah en se rapprochant du sol.*

NORD *contre* SUD

Rédigé à partir de 1885. Publié en feuilleton dans le Magasin d'Education et de Récréation *de janvier à décembre 1887. Edité chez Hetzel en 2 volumes en mai et novembre 1887.*

Deux regards sur la période de la guerre de Sécession. Une bataille sanglante entre Fédéraux du Nord et Confédérés du Sud… Le Monde illustré, *1865 (Coll. Ch. Le Corre)* ▶

▲ … et la vie difficile du peuple noir, réduit en esclavage dans les Etats du Sud. Situation que dénonce Jules Verne dans son roman. Le Monde illustré, *1865 (Coll. Ch. Le Corre)*

L'histoire.

Pendant la guerre de Sécession, la Floride sudiste est menacée par les troupes du Nord. Le riche propriétaire terrien James Burbank, qui, au fond de son cœur, est anti-esclavagiste, est menacé par un parti extrémiste, dirigé par Texar, qui cherche à s'emparer de l'autorité à Jacksonville.

Commentaire.

Ce *Voyage* peut certes être lu comme un roman historique, avec ses nombreuses références à la guerre civile américaine. Il peut aussi être pris comme un roman à suspens, avec notamment un rebondissement inattendu dans les derniers chapitres. C'est également un pamphlet contre l'esclavage, nullement dépourvu de finesse car le duel verbal entre le régisseur Perry et l'esclave Pygmalion, s'il est traité de façon comique, rend parfaitement compte des difficultés qui se présentaient pour les esclaves devenus libres. Enfin, ce roman peut aussi être vu comme les aventures d'une magnifique héroïne, l'esclave Zermah (*Nord contre Sud* faillit s'appeler *La Dernière Esclave*) qui prouve une nouvelle fois que Verne était capable de beaux portraits de femmes.

Mais les véritables héros de ce roman, sont deux sites : la propriété des Burbank, Camdless-Bay, véritable petite territoire paradisiaque, nouveau lieu où la poésie de Verne peut se développer librement, autre domaine autarcique, où James Burbank entend vivre comme il l'entend, à contre-courant avec les opinions de ses voisins et de son Etat. Même s'il est plus « civilisé » que Nemo, Burbank fait partie de ces héros chers à Verne qui vivent d'abord selon leurs propres règles dans un territoire qui échappe (ou tente d'échapper, car il sera tout de même pris d'assaut) à l'Histoire, sans forcément se tenir à l'écart des progrès techniques. Cependant, de même que Némo privilégiait les indépendantistes grecs, Burbank va se montrer favorable à la cause du Nord (son fils est combattant nordiste).

L'autre domaine est cette extraordinaire Crique-Noire, repaire de Texar, lieu maléfique qui semble sorti tout droit d'un conte de fée (mais alors il s'agirait d'une méchante fée !). Et par là, c'est une vision noire du devenir de la Terre, polluée et corrompue, qui investit les pages de ce grand roman trop méconnu.

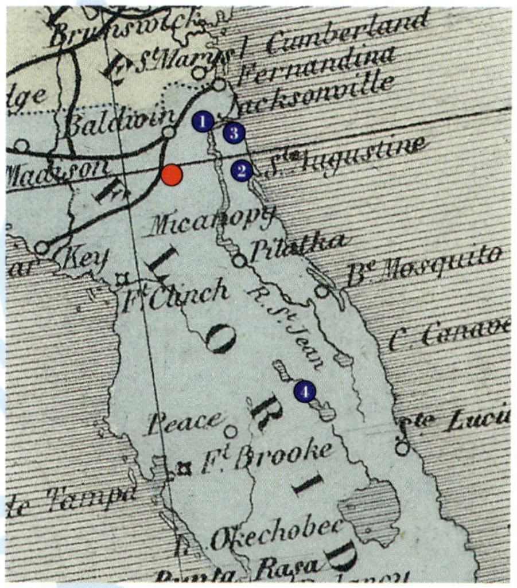

(Coll. R. Lagier)

Cette superbe propriété en Floride ne donne toutefois qu'une petite idée de l'extraordinaire opulence de Camdless-Bay, le paradisiaque univers que Verne a imaginé pour ses personnages de *Nord contre Sud*. *(Cliché B. Colliot)*

Jacksonville. Dans pratiquement toutes les représentations urbaines de Verne, il y a un port, des badauds, l'arrivée (ou le départ) d'un bateau. Seuls *Les Cinq Cents Millions de la bégum* comportent explicitement deux villes éloignées de l'eau. *(Illustration de Benett) (BM Nantes)*

EXTRAIT.

Texar arrive dans son domaine de la Crique-Noire.

Cette Crique-Noire, ainsi nommée de la sombre couleur de ses eaux, pouvait couvrir une étendue d'environ cinq à six cents acres. Alimentée par le Saint-John, c'était une sorte d'archipel absolument impénétrable à qui n'en connaissait pas les infinis détours. Une centaine d'îlots occupaient sa surface. Ni ponts, ni levées ne les reliaient entre eux. De longs cordons de lianes se tendaient de l'un à l'autre. Quelques hautes branches s'entrelaçaient au-dessus des milliers de bras qui les séparaient. Rien de plus. Cela n'était pas pour établir une communication facile entre les divers points de cette lagune.
Un de ces îlots, situé à peu près au centre du système, était le plus important par son étendue – une vingtaine d'acres – et par son élévation – cinq à six pieds au-dessus de l'étiage moyen du Saint-John entre les plus basses et les plus hautes mers.

De Belzingen à Valmy. *(Coll. part.)*

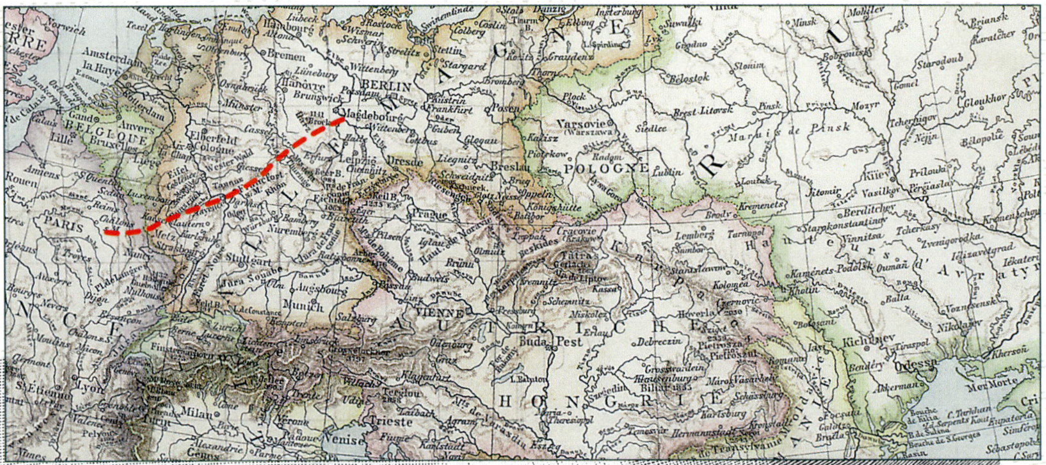

Le chemin de France

Rédigé à partir de 1885. Publié en feuilleton dans Le Temps *d'août à septembre 1887. Edité chez Hetzel en octobre 1887.*

L'HISTOIRE.

En 1792, le soldat Natalis Delpierre profite d'une permission pour rejoindre en Allemagne sa sœur qui est au service de Mme Keller. Mais la guerre éclate entre le royaume de Prusse et la République Française. Delpierre suggère aux deux dames de fuir l'Allemagne pour la France.

COMMENTAIRE.

C'est le seul *Voyage extraordinaire* dont une partie du parcours se déroule en France (si l'on excepte quelques départs de ports français). Par ailleurs, il confirme deux tendances de Jules Verne : d'une part, le recours au roman historique, à défaut de trouver de nouvelles destinations réellement extraordinaires (c'est la période historique qui devient particulière) ; d'autre part, transformer l'enjeu du voyage et ses conditions en une sorte de jeu de société avec ses règles précisées dès le départ : il faut être à tel endroit avant tel moment sous peine de se retrouver en prison. Et si l'on se trouve à un autre endroit (à une autre case pourrait-on dire), il vous arrive toutes sortes d'épreuves, par exemple ne pas pouvoir partir avant l'arrivée d'un autre personnage. Si le caractère ludique peut sembler amusant (mais il est mieux développé avec *Le Tour du monde en quatre-vingts jours* ou, comme on le verra, *Le Testament d'un excentrique*), il faut bien reconnaître que ce *Chemin de France* est loin d'être le meilleur roman de Verne.

La traversée de l'Elbe. Dans ce roman essentiellement « terrestre », la masse liquide joue pour une fois un simple rôle d'obstacle. *(Illustration de Roux) (BM Nantes)*

Mayence, vue du pont Sud. Dernière grande étape avant la France. *(Coll. Ch. Le Corre)* ▲

EXTRAIT.

La petite troupe arrive enfin en France, en forêt d'Argonne.

Cette forêt est comprise entre deux rivières. L'Aisne la borde sur tout son revers de gauche, depuis les premiers taillis du sud jusqu'au village de Semuy, au nord. L'Aire la côtoie, à partir de Fleury, jusqu'à son principal défilé. De là, cette rivière se retourne par un coude brusque et revient vers l'Aisne, dans laquelle elle se jette, non loin de Senuc.

Du côté de l'Aire, les principales villes sont Clermont, Varennes, où Louis XVI fut arrêté dans sa fuite, Buzancy, le Chêne-Populeux ; du côté de l'Aisne, Sainte-Menehould, Ville-sur-Tourbe, Monthois, Vouziers.

Pour sa forme, je ne saurais mieux comparer cette forêt qu'à un gros insecte, ailes repliées, immobile ou endormi entre deux cours d'eau. Son abdomen, c'est toute la partie inférieure qui est la plus importante. Son corselet et sa tête sont figurés par la partie supérieure, qui se dessine au-dessus du défilé de Grand-Pré, à travers lequel coule l'Aire, dont j'ai parlé plus haut.

La bataille de Valmy, ou l'armée de la jeune République française vainquit les forces coalisées des monarchies européennes.
Le Petit Journal, *1891*
(Coll. Ch. Le Corre) ▼

deux ans de vacances

(Coll. R. Lagier)

Rédigé à partir de 1886. Publié en feuilleton dans le Magasin d'Education et de Récréation *de janvier à décembre 1888. Edité chez Hetzel en 2 volumes en juin et novembre 1888.*

L'HISTOIRE.

Des élèves de la pension Chairman à Auckland (Nouvelle-Zélande), venant de différents pays occidentaux, s'apprêtent à partir, pendant leurs vacances, en croisière avec leurs parents. La veille du départ, les enfants, impatients, dorment déjà à bord du bateau, dont l'équipage s'est absenté. Mais le bateau quitte mystérieusement le port et les enfants s'éveillent au cœur d'une tempête, puis se retrouvent sur un rivage abandonné.

COMMENTAIRE.

C'est le deuxième (et avant-dernier) *Voyage* mettant en vedette l'enfance, ceci une dizaine d'années après *Un capitaine de quinze ans*. On peut y voir deux motifs : le premier, bien sûr, est d'utiliser une nouvelle variante au genre de la *robinsonnade* qui semble obséder Verne ; le second, c'est sans doute une volonté de montrer à quel point les traits de caractère qui marquent notre société d'adultes sont repérables dès l'enfance. Car *Deux Ans de vacances* est sans conteste l'un des récits les plus politiques, les plus sociologiques de Jules Verne, lequel peut d'autant mieux se défouler qu'il se réfugie derrière la jeunesse de ses héros. L'affrontement stupide des nations, les défauts de la démocratie, les difficultés de vivre ensemble, le désir de dominer (que ce soit ses camarades ou la nature), et, bien entendu, les inévitables thèmes de l'autarcie (à plusieurs étages : le groupe d'enfants par rapport au reste du monde ; puis, les trois jeunes Anglais par rapport aux autres enfants) et de l'hygiène de vie. Pragmatisme contre traditions, caractère conquérant contre aptitude à la diplomatie, autant de dualités présentes dans ce récit qui, tout en étant un passionnant roman d'aventures, a aussi l'aspect d'un conte philosophique. Du moins, pendant les deux premiers tiers du livre, car ce *Voyage* se termine de façon rocambolesque avec l'arrivée de personnages inattendus.

Vue de la baie d'Auckland, d'où vont partir les enfants de la pension Chairman.
Le Tour du monde, 1865, 1er semestre (Coll. Ch. Le Corre)

Service tente d'amadouer un nandou. *(Illustration de Benett) (BM Nantes)*

L'île Chairman, qui s'avérera être l'île Hanovre. *(BM Nantes)*

Extrait.

Sous la direction de l'Américain Gordon et du Français Briant, les jeunes Robinsons s'apprêtent à hiverner.

La seconde quinzaine d'avril fut moins belle. La moyenne de la température s'abaissa sensiblement. Plusieurs fois, de grand matin, la colonne thermométrique tomba à zéro. L'hiver s'annonçait, et avec lui allait apparaître son cortège de grêle, de neige, de rafales, si redoutable dans les hauts parages du Pacifique.

Par précaution, petits et grands durent se vêtir plus chaudement et prendre les tricots épais, les pantalons de grosse étoffe, les vareuses de laine, préparés en prévision d'un hiver rigoureux. Il n'y eut qu'à consulter le carnet de Gordon pour savoir où trouver ces vêtements, classés par qualité et par taille. C'était des plus jeunes que se préoccupait surtout Briant. Il prenait garde à ce qu'ils n'eussent point les pieds froids, à ce qu'ils ne s'exposassent point à l'air vif, lorsqu'ils étaient en nage. Au moindre rhume, il les consignait ou même les contraignait à se coucher près d'un bon brasier qui était entretenu nuit et jour.

Famille-sans-nom

Rédigé vers 1888. Publié en feuilleton dans le Magasin d'Education et de Récréation de janvier à décembre 1889. Edité chez Hetzel en 2 volumes en mai et novembre 1889.

L'HISTOIRE.

Au Canada, en 1837. La région du Québec se prépare à la révolte contre l'occupant anglais. L'un des animateurs de ce soulèvement est un mystérieux personnage répondant au nom de Jean-Sans-Nom. Vont se trouver mêlés à cette aventure le policier Rip, qui recherche Jean, et le notaire Nicolas Sagamore, descendant d'Indiens Hurons, qui va être sollicité par ces derniers pour devenir leur chef.

COMMENTAIRE.

Il s'agit d'un magnifique roman d'aventures historiques. Une fois encore, après les Grecs, les Hongrois, ce sont des indépendantistes canadiens qui sont mis en valeur. Mais, dans la même veine que *Nord contre Sud,* ce récit est prétexte à des descriptions d'une grande beauté. Surtout, la première partie nous présente une multitude de personnages attachants, tels que le notaire Sagamore et sa tribu huronne, mais aussi son premier clerc Lionel qui cherche à versifier à tout prix, ou encore la famille Harcher. Beaucoup plus tragique, la deuxième partie insiste sur le destin de la famille Morgaz, dont le père trahit autrefois la cause de l'indépendance. Ce roman pose le problème des origines et de l'influence qu'elles ont sur notre comportement : la fille du marquis de Vaudreuil, qui porte un nom, peut-elle épouser Jean-Sans-Nom ? Les fils de Morgaz doivent-ils subir l'opprobre du fait de la trahison de leur père ? Nicolas Sagamore peut-il repousser la demande de ses cousins hurons ? Et d'une façon générale, les descendants des colons français pourront-ils un jour s'entendre avec les représentants de la Couronne britannique ?

Un roman vibrant, tant par son approche des grands sites que par ses appels à la liberté ! *(Illustration de Tiret-Bognet) (BM Nantes)*

CAMPEMENT DE SAUVAGES.
Dessin de Riou, d'après un croquis de M. Dixon.

Tribu d'Indiens hurons. Ils vont être mis en valeur de façon très inattendue par Jules Verne dans *Famille-Sans-Nom*. L'utilisation du mot « sauvage », désigne toute culture non occidentale dans le langage de l'époque. Le regard que Verne pose sur les Indiens est nettement plus mélioratif. *(Nouvelle-France) (Coll. Ch. Le Corre)*

LE TRANSPORT DES BOIS.
Dessin de Taylor, d'après une photographie.

▲ Le transport des bois par voie fluviale. Comme auparavant l'Amazone et par la suite l'Orénoque, le Saint-Laurent est le fil conducteur des personnages et de l'intrigue de ce roman. *(Nouvelle-France) (Coll. Ch. Le Corre)*

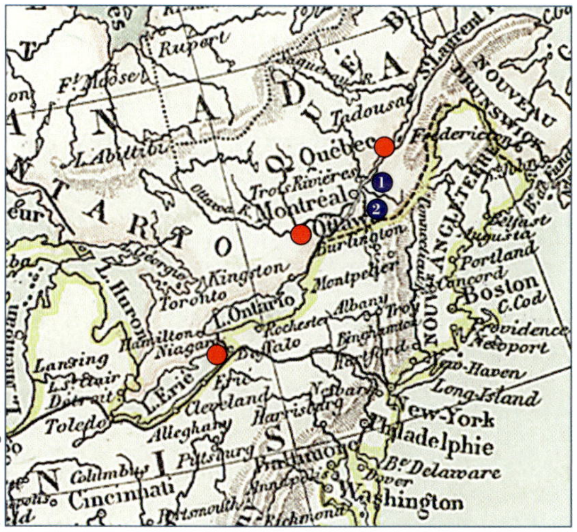

(Coll. R. Lagier)

❶ Saint-Charles ; ❷ Chipogan

EXTRAIT.

Les indépendantistes se servent de leur métier de pêcheur pour circuler parmi les principaux bastions de la révolte.

Ces pêcheurs étaient d'origine acadienne. Un étranger l'eût reconnu rien qu'aux formes de leur langage, à leur type resté si pur dans cette Nouvelle-Ecosse, où la race française s'est extraordinairement développée. En remontant l'échelle des âges, on retrouverait certainement parmi leurs ancêtres quelques-uns de ces proscrits, qui, un siècle avant, furent décimés par les troupes royales, et dont Longfellow a retracé les malheurs dans son poème si touchant d'Evangéline. Quant au métier de pêcheur, c'est peut-être celui qui est le plus honoré au Canada – surtout dans les paroisses littorales, où l'on compte de dix à quinze mille bateaux de pêche, et plus de trente mille marins exploitant les eaux du fleuve et de ses affluents.

L'embarcation portait un sixième passager, vêtu comme ses compagnons, mais qui n'avait du pêcheur que le costume. On s'y fût aisément trompé, d'ailleurs, mais il eût été difficile de deviner en lui le jeune homme auquel la villa Montcalm venait de donner asile pendant quarante-huit heures.

C'était, en effet, Jean-Sans-Nom.

Sans dessus dessous

Rédigé sans doute vers 1888. Edité chez Hetzel en novembre 1889.

La puissance de l'industrie poussée à son paroxysme…
(Illustration de Roux) (BM Nantes)

L'histoire.

Une nouvelle aventure des membres du Gun-Club (cf. *De la Terre à la Lune* et *Autour de la Lune*) qui ont acheté le « continent arctique ». Ils construisent un nouveau canon encore plus gigantesque que le premier. Leur but est de modifier l'axe de la Terre afin d'en rendre le climat continuellement tempéré et de faire disparaître les glaces de l'Arctique.

Commentaire.

Comme le précédent, cet ouvrage est partagé entre une forte dose d'humour et un scénario tragique. Mais au lieu de nous faire traverser le passé historique, Verne nous présente l'avenir : *Sans dessus dessous* est, en effet, l'un des très rares romans de science-fiction de celui dont on a souvent dit qu'il était le père de ce genre (comme on a pu le constater, Verne est beaucoup plus porté sur le fantastique ou le roman historique). Surtout, comme pour *Robur le Conquérant,* il avertit ses lecteurs du danger que court la planète lorsque les scientifiques s'attribuent tous les droits et tous les pouvoirs. S'il croit aux progrès incessants de la science, Verne sait qu'ils n'aboutiront pas forcément à une amélioration pour l'homme… et la planète. Déjà amorcé dans *Vingt Mille Lieues sous les mers,* le propos « écologique » de Verne reprend toute sa vigueur dans ce roman. Tandis que de l'autarcie, on glisse peu à peu vers une sorte d'anarchisme couvert, avec, pour la première fois, les gouvernements de ce monde ouvertement ridiculisés. Les rapports des nations face à la menace ne sont pas sans rappeler d'ailleurs les récents sommets internationaux sur le devenir de la planète.

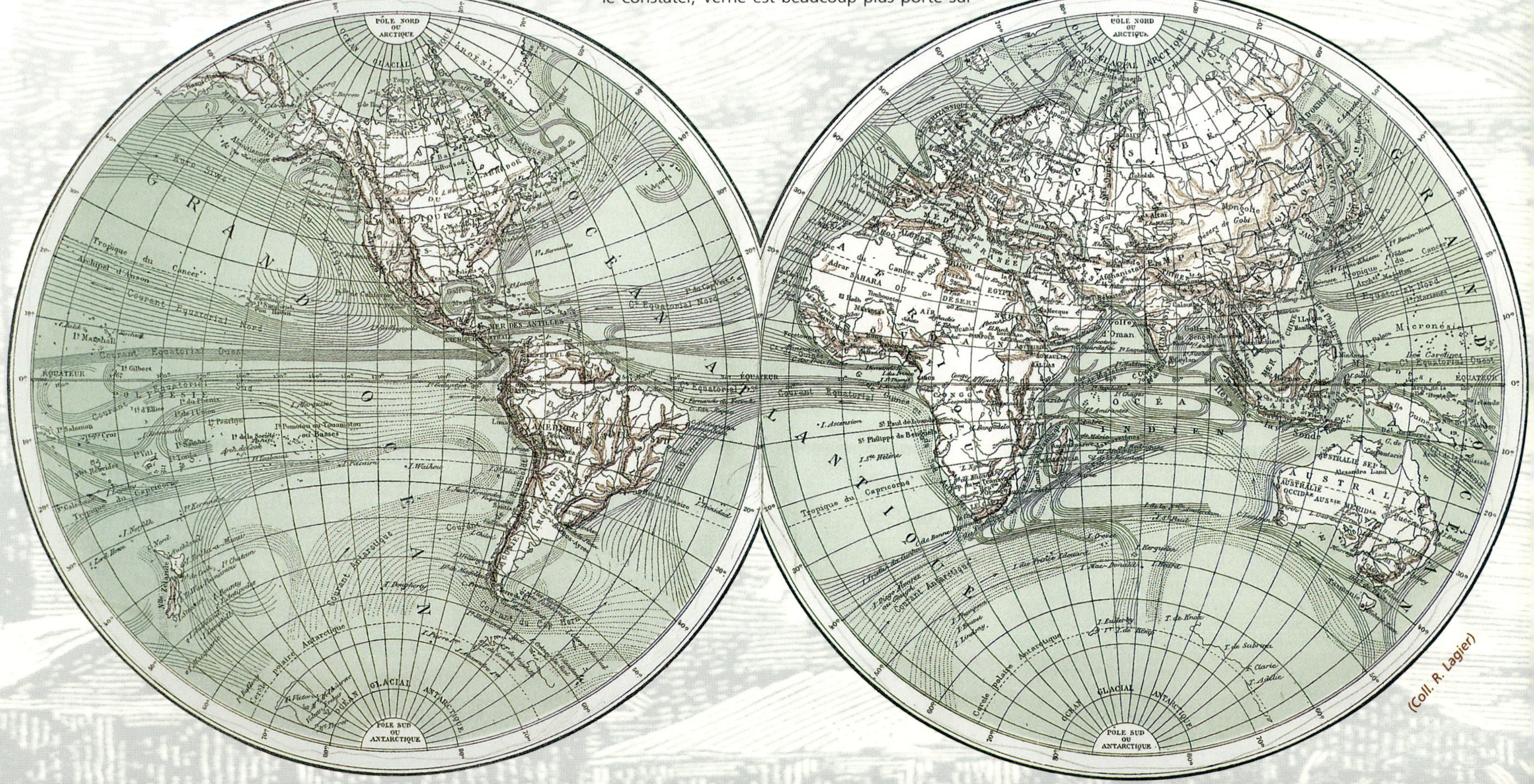

(Coll. R. Lagier)

Extrait.

Les autorités des gouvernements du monde entier s'inquiètent sérieusement devant les conséquences des intentions du Gun-Club.

En effet, il ne s'agissait rien moins que d'un changement de vingt-trois degrés vingt-huit minutes, changement qui devait produire un déplacement considérable des mers par suite de l'aplatissement de la Terre aux anciens Pôles. La Terre était-elle donc menacée de bouleversements pareils à ceux que l'on croit avoir récemment constatés à la surface de la planète Mars ? Là, des continents entiers, entre autres la Lybie de Schiaparelli, ont été submergés – ce qu'indique la teinte bleu foncé, substituée à la teinte rougeâtre. Là, le lac Moeris a disparu. Là, six cent mille kilomètres carrés ont été modifiés au nord, tandis qu'au sud, les océans ont abandonné les larges régions qu'ils occupaient autrefois. Et, si quelques âmes charitables s'étaient inquiétées des « inondés de Mars » et avaient proposé d'ouvrir des souscriptions en leur faveur, que serait-ce lorsqu'il faudrait s'inquiéter des inondés de la Terre ? Les protestations commencèrent donc à se faire entendre de toutes parts, et le gouvernement des Etats-Unis fut mis en demeure d'aviser. A tout prendre, mieux valait ne point tenter l'expérience que de s'exposer aux catastrophes qu'elle réservait à coup sûr.

▲ ... et le plus gigantesque canon qu'ait imaginé Jules Verne ! Une fois de plus, l'écrivain est partagé entre l'horreur et la fascination. *(Illustration de Roux) (BM Nantes)*

Le Kilimandjaro et le parc Amboseli, au Kenya.
(Cliché Michel Denis-Huot/Hoa-Qui)

La *Belle-Roulotte* au cœur de l'Alaska, près du détroit de Behring. Quel que soit leur point de départ, les personnages verniens semblent irrésistiblement attirés par le cercle polaire.
(Illustration de Roux) (BM Nantes)

César Cascabel

Rédigé entre 1886 et 1889. Publié en feuilleton dans le Magasin d'Education et de Récréation *de janvier à décembre 1890. Edité chez Hetzel en 2 volumes en juillet et novembre 1890.*

L'histoire.

Les Cascabel sont une famille de saltimbanques qui circulent de villes en villes, de pays en pays, vivant de leurs représentations. Se trouvant en Amérique, ils désirent retourner en France. N'ayant pas assez d'argent pour se payer le voyage en bateau, ils vont traverser l'Alaska et la Russie.

Commentaire.

Nous avons eu l'occasion de constater la multitude de thèmes chers à Jules Verne qui reviennent d'un roman à l'autre. Souvent un *Voyage extraordinaire* se charge plus particulièrement de mettre en exergue l'un de ces thèmes : c'est le cas ici du spectacle en général, et du cirque en particulier.

Il semble que Jules Verne se représente le monde du cirque sous deux facettes : tout d'abord, une sorte de lieu censé représenter la société, mais sous ses travers les plus risibles, dans le but de la caricaturer et de s'en moquer. De ce fait, tout en étant des forains, les membres de la famille Cascabel représentent plusieurs niveaux de cette société : César l'homme d'affaires, Cornélia la maîtresse de maison (cuisinière et médecin), Jean l'intellectuel, Clou-de-Girofle le prolétaire, etc.

Mais le cirque est aussi un lieu de tous les possibles au niveau de la création : couleurs, musique, acrobaties, sketchs, représentations théâtrales, animaux, clowneries… le microcosme agit aussi dans cette direction et subitement la roulotte très particulière des Cascabel devient comme un lieu clos (à nouveau autarcique) dans lequel l'imaginaire se développerait comme dans tous ces territoires merveilleux chers à Verne.

(Coll. R. Lagier)

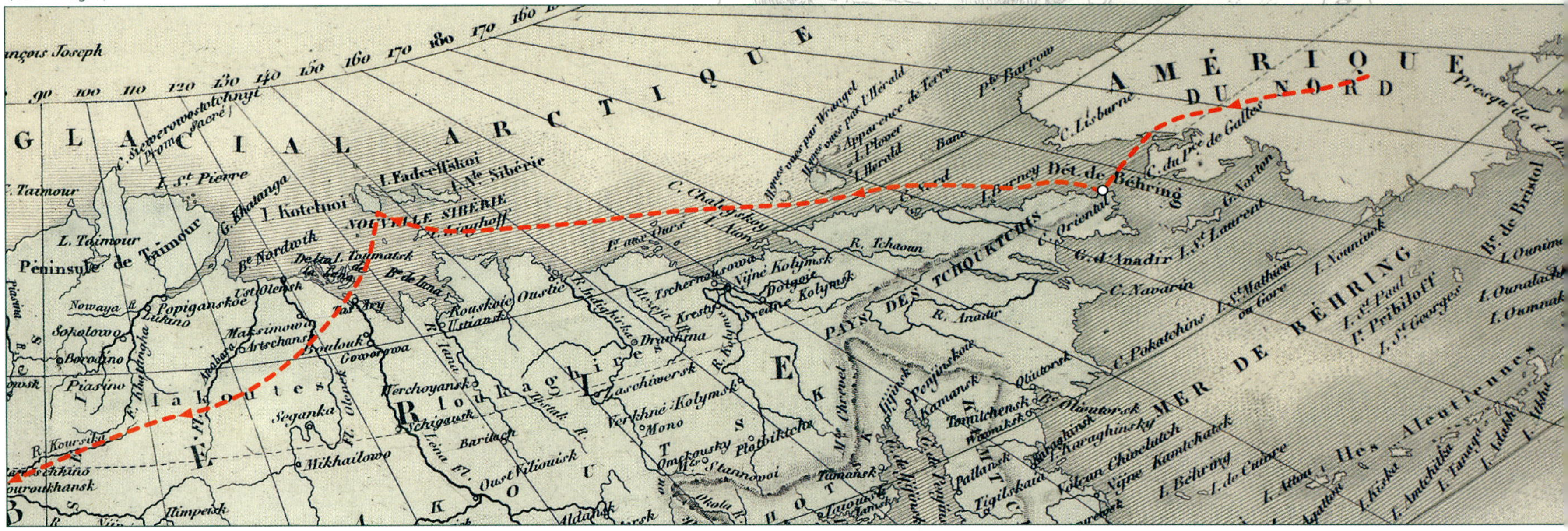

EXTRAIT.

Parvenus sur un îlot, au cœur de la mer de Behring, les Cascabel s'aperçoivent que la roulotte est encerclée par une armée de phoques.

La nuit s'annonçait donc très mal. Et, par surcroît, dès que tous eurent pris place dans les compartiments de la Belle-Roulotte, *des hurlements, sur la nature desquels il n'y avait pas à se méprendre, accrurent le fracas des rafales. Les phoques avaient gagné du côté du véhicule et commençaient à le déborder. Les chevaux hennissaient de peur, craignant d'être attaqués par ces bandes, contre lesquels Wagram et Marengo [les chiens des Cascabel] aboyaient avec une rage inutile. Il fallut se relever, s'élancer au-dehors, ramener Vermout et Gladiator [les chevaux], afin de veiller sur eux. Les revolvers et les fusils furent chargés. Toutefois, M. Serge recommanda de ne s'en servir qu'à la dernière extrémité.*

La nuit était noire. Comme on ne pouvait rien voir au milieu de cette profonde obscurité, les fanaux furent allumés. En rayonnant, leurs faisceaux permirent d'apercevoir des milliers de phoques, entourant la Belle-Roulotte, *et qui, sans doute, n'attendaient que le jour pour l'assaillir.*

Vue aérienne de la Tchoukotka (Russie). *(Cliché H. Bancaud)*

(Clichés H. Bancaud)

L'univers du cirque, notamment celui des acrobates, est très présent dans le cycle, notamment dans *Le Tour du monde en quatre-vingts jours* et *Mathias Sandorf*. Ce sont toutefois les numéros équestres qui furent à l'origine du cirque.
Extrait de Il y a un siècle… Le cheval, *paru aux Éditions Ouest-France (Coll. R. Lagier)*

Le Cap Djenev (détroit de Behring) près de Provideniya (Russie). *(Cliché H. Bancaud)*

Mistress Branican

Le Petit Journal

SUPPLÉMENT ILLUSTRÉ

5 Centimes

DIMANCHE 2 DÉCEMBRE 1906

UN DRAME A BORD D'UN TRANSATLANTIQUE

Dans un accès de folie, une femme jette un enfant à la mer

Tout invraisemblable qu'il puisse paraître, l'accident arrivé au bébé de Dolly Branican au début du roman correspond à des faits divers réels. La scène décrite sur cette couverture est bien plus horrible encore. *Le Petit Journal, 1906 (Coll. Ch. Le Corre)*

La difficile traversée des gorges australiennes. *(Illustration de Benett) (BM Nantes)*

Rédigé entre 1887 et 1890. Publié en feuilleton dans le Magasin d'Education et de Récréation *de janvier à décembre 1891. Edité chez Hetzel en 2 volumes en août et novembre 1891.*

Adélaïde, point de départ du voyage australien de Mistress Branican. *(Coll. Ch. Le Corre)*

L'HISTOIRE.

Le capitaine John Branican et son navire le *Franklin* ont disparu quelque part dans le Pacifique. Sa femme, Dolly, subit un nouveau malheur : son bébé tombe à l'eau au cours d'une visite au port de San Diego. Dolly perd la raison et ne guérit qu'au bout de plusieurs mois. Elle décide alors de se mettre à la recherche de son mari.

COMMENTAIRE.

Ce roman est l'un des plus curieux de Jules Verne du fait du grand nombre d'invraisemblances qu'on y rencontre, bien qu'il soit basé sur une histoire authentique : les recherches par Mrs Franklin de traces de son mari disparu quelque part dans l'Arctique (d'où le nom donné au bateau du capitaine Branican).

Conçu comme un de ces romans-feuilletons qui pullulaient au XIXe siècle, *Mistress Branican* comporte donc de nombreux coups de théâtre et rebondissements. Certaines situations peuvent paraître trop classiques et la « folie » de Dolly est une répétition de celle déjà connue par d'autres héroïnes (cf. *Une ville flottante, La Maison à vapeur*). Il faut bien reconnaître que la durée du cycle (*Mistress Branican* est le trente-neuvième *Voyage extraordinaire* !) commence à poser un problème d'inspiration. D'où, dans la décennie qui va suivre, une tendance (en moyenne un roman sur deux) à s'éloigner du schéma strict des voyages pour tenter de plus en plus *autre chose*.

Toutefois, *Mistress Branican* n'est pas sans qualités : la recherche à travers les îles des traces du *Franklin*, la création du personnage de Jos Meritt, obsédé par les couvre-chefs, et de son étrange comparse Gîn-Ghi sont des moments forts de ce roman.

- première expédition ; - - deuxième expédition ; - - troisième expédition. *(Coll. R. Lagier)*

Le désert australien est l'un des plus torrides qui soient. *(Cliché B. Colliot)* ▼

Extrait.

Mrs Branican, accompagnée du Britannique Jos Meritt et du guide Tom Marix, traverse le désert australien. Mais deux de leurs chameaux s'écroulent.

Tom Marix se rendit à l'endroit où les deux bêtes venaient de s'abattre.

Là, couchées sur le sol, elles s'agitaient convulsivement, l'écume à la bouche, les membres contractés, la poitrine haletante. Elles allaient mourir, et non de mort naturelle.

« Que leur est-il donc arrivé ? demanda Dolly. Ce n'est pas la fatigue… ce n'est pas l'épuisement…

- Non, répondit Tom Marix, je crains que ce ne soit l'effet de quelque herbe malfaisante !

- Bien !… Oh !… Très bien ! Je sais ce que c'est ! répondit Jos Meritt, j'ai déjà vu cela dans les provinces de l'est… dans le Queensland ! Ces chameaux ont été empoisonnés…

- Empoisonnés ?… répéta Dolly.

- Oui, dit Tom Marix, c'est du poison !

- Eh bien, reprit Jos Meritt, puisque nous n'avons plus d'autres ressources, il n'y a plus qu'à prendre exemple sur les cannibales… à moins de mourir de faim !… Que voulez-vous ?… Chaque pays a ses usages, et le mieux est de s'y conformer ! »

Le gentleman disait ces choses avec un tel accent d'ironie que, les yeux agrandis par le jeûne, plus maigre qu'il ne l'avait jamais été, il faisait peur à voir.

Le château des Carpathes

Rédigé entre 1888 et 1891. Publié en feuilleton dans le Magasin d'Education et de Récréation *de janvier à décembre 1892. Edité chez Hetzel en octobre 1892.*

La mystérieuse apparition au sommet de la tour du château des Carpathes. Serait-ce la Stilla ? *(Illustration de Benett) (BM Nantes)*

L'HISTOIRE.

Les habitants du village de Werst, en Transylvanie, aperçoivent de la fumée sortir d'un mystérieux château qu'ils croyaient abandonné. Le forestier Nic Deck et le docteur Patak décident de se rendre sur place : ils assistent à une mystérieuse apparition.

COMMENTAIRE.

C'est l'un des plus célèbres *Voyages extraordinaires,* qui ne contient d'ailleurs pas de voyage, mais en revanche une véritable méditation sur l'art, dissimulée derrière un récit à la fois fantastique, onirique et comique. Toute la première moitié du roman tourne autour des habitants de Werst, tous bien campés et qui pourraient d'ailleurs tout aussi bien être des habitants de la campagne française. Verne nous montre les superstitions et les idées reçues empêchant cette population d'avoir accès aux mystères de l'art.

La seconde partie nous présente deux hommes, Franz de Télek et Rodolphe de Gortz, totalement envoûtés par le chant lyrique de la Stilla.

Loin des images qu'on se fait habituellement des Voyages, l'opéra joue dans ce roman un grand rôle inattendu. Le thème de la perception de l'art, tant pictural que musical, est très présent dans le cycle. Le Monde illustré, *1859 (Coll. Ch. Le Corre)*

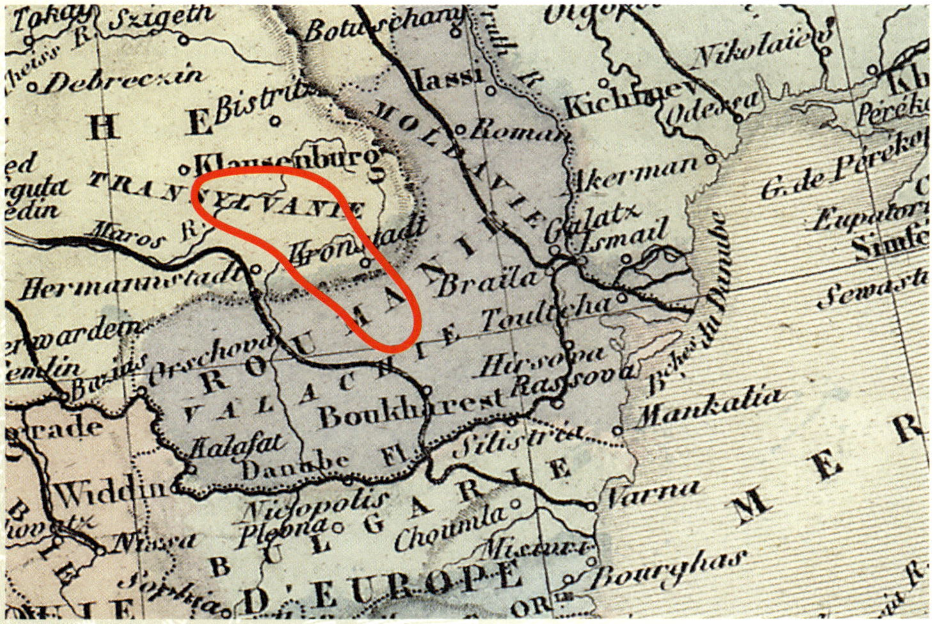

Carpathes orientales. *(Coll. R. Lagier)*

La mort de celle-ci est compensée par l'enregistrement de son image et de sa voix qu'a pu conserver Rodolphe de Gortz, le seigneur du château. Verne, qui ne cesse, depuis *Voyages et aventures du capitaine Hatteras,* de se pencher sur l'effet des chefs-d'œuvre de la nature sur notre moral et notre santé, évolue à présent en direction des chefs-d'œuvre dus aux hommes ou, ici, à la femme. Les thèmes de la folie obsessionnelle, de la puissance du souvenir, des artifices de l'art mais, également, de l'importance du cadre (car cet ensemble est d'autant plus magnifique que l'histoire se déroule dans ce château) se croisent harmonieusement.

Extrait.

Franz de Télek, également épris de la Stilla, se rend au château.

Il était sept heures et demie, lorsque Franz de Télek et Rotzko s'arrêtèrent à la limite extrême du plateau d'Orgall. Devant eux se développait ce farouche entassement noyé d'ombre, et confondant sa teinte avec l'antique coloration des roches du Plesa. A gauche, l'enceinte faisait un coude brusque, flanqué par le bastion d'angle. C'était là, sur le terre-plein, au-dessus de son parapet crénelé, que grimaçait le hêtre, dont les branches contorsionnées témoignaient des violentes rafales du sud-ouest à cette hauteur.

En vérité, le berger Frik ne s'était point trompé. Si l'on s'en rapportait à elle, la légende ne donnait plus que trois années d'existence au vieux burg des barons de Gortz.

Franz, silencieux, regardait l'ensemble de ces constructions, dominées par le donjon trapu du centre. Là, sans doute, sous cet amas confus se cachaient encore des salles voûtées, vastes et sonores, longs corridors dédaléens, des réduits enfouis dans les entrailles du sol, tels qu'en possèdent encore les forteresses des anciens Magyars. Nulle autre habitation n'aurait pu mieux convenir que cet antique manoir au dernier descendant de la famille de Gortz pour s'y ensevelir dans un oubli dont personne ne pourrait connaître le secret.

Fête en Transylvanie. *(Coll. Ch. Le Corre)* ▼

Claudius Bombarnac

Rédigé entre 1886 et 1892. Publié en feuilleton dans Le Soleil d'octobre à décembre 1892. Edité chez Hetzel directement en grand format illustré en novembre 1892.

L'histoire.

Le reporter Claudius Bombarnac, qui travaille au journal *Le XXe siècle,* est chargé de voyager à bord du train transasiatique allant de l'Europe à la Chine, afin d'y transmettre ses impressions de voyage. De ce fait, il sera le compagnon de très pittoresques voyageurs et témoin d'une tentative de la part de brigands pour s'emparer du train.

Commentaires.

Une fois de plus, bien que nous soyons témoins cette fois d'un véritable voyage, ce roman, comme le précédent, est prétexte pour une réflexion sur l'art – particulièrement sur l'art d'écrire. Bombarnac, le narrateur, est journaliste. Toutefois, c'est autant du domaine romanesque que du domaine journalistique qu'il est question et bien des « trucs » ou des tracas d'écrivains nous sont dévoilés ici. Mais en même temps, ce train étrange nous présente une sorte de galerie des grands thèmes verniens, le théâtre, l'hygiénisme, les outrances de la société américaine, celles de la presse, le microcosme d'un monde qui s'uniformise, la fin des voyages aventureux, etc. Une fois de plus, l'humour et l'autodérision, deux qualités verniennes pas assez mises en valeur, sont très présents dans ce roman sans prétention. S'il ne figure pas parmi les grands chefs-d'œuvre du cycle, il est tout de même une étape importante pour la compréhension de l'esthétique de l'écrivain.

▸ Pékin, traditionnel et moderne. L'Illustration, *15 mars 1913. (Coll. Ch. Le Corre)*

Une fois de plus, *Le Petit Journal* met en exergue un événement qu'on retrouve dans un *Voyage extraordinaire*. Ici, il s'agit d'une tentative de brigandage dans un train en route pour l'Orient. Le Petit Journal, *1891 (Coll. Ch. Le Corre)*

EXTRAIT.

Le transasiatique arrive en territoire chinois.

Pendant cette après-midi, si je m'en rapporte à l'indicateur, nous avons franchi le Yamanyar sur un pont de bois. Ce cours d'eau descend des massifs de l'ouest, dont l'altitude n'est pas inférieure à vingt-cinq mille pieds anglais, et sa rapidité est accrue par la fonte des neiges. Parfois, le train circule à travers d'épaisses jungles, au milieu desquelles Popof veut bien m'affirmer que les tigres sont assez nombreux. Nombreux, je veux le croire, mais je n'en ai pas vu un seul. Et pourtant, à défaut des Peaux-Rouges, des Peaux-Tigrées pourraient nous procurer quelques distractions. Quel fait divers pour un journal, et quelle bonne fortune pour un journaliste ! Terrible catastrophe… Un train du Grand-Transasiatique attaqué par les tigres… Coups de griffes et coups de fusil… Cinquante victimes… Un enfant dévoré sous les yeux de sa mère… le toute entremêlé de points suspensifs !

Eh bien, non ! les félins turkomènes ne m'ont même pas donné cette satisfaction ! Aussi je les traite… et j'ai le droit de les traiter d'inoffensifs matous !

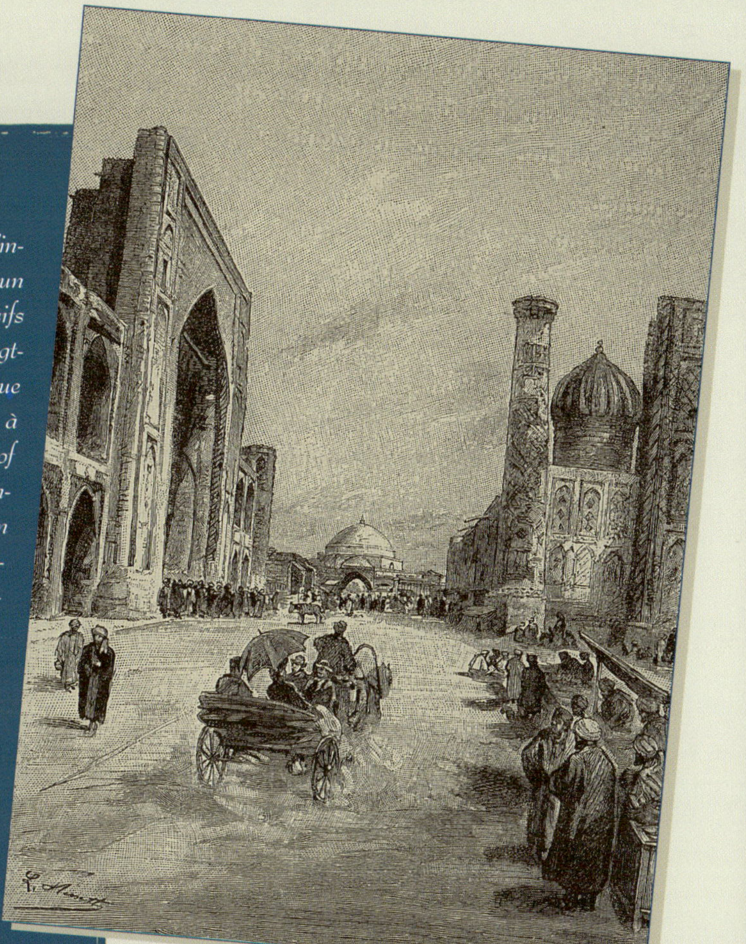

Le grand bazar de Samarkand.
(Illustration de Benett) (BM Nantes)

(Coll. R. Lagier)

P'tit-Bonhomme

Rédigé entre 1888 et 1892. Publié en feuilleton dans le Magasin d'Education et de Récréation *de janvier à décembre 1893. Edité chez Hetzel en 2 volumes en octobre et novembre 1893.*

Les falaises sur la côte de Clare. *(Illustration de Benett) (BM Nantes)* ◄

Sackeville Street à Dublin. *(Illustration de Benett) (BM Nantes)*

L'HISTOIRE.

En Irlande, alors colonie britannique, les dures étapes de l'existence d'un petit orphelin, qui passe des mains cruelles d'un montreur de marionnettes à un établissement scolaire corrompu, puis est recueilli par une actrice de théâtre avant de parvenir à la ferme de la famille Mac Carthy.

COMMENTAIRE.

Un *Voyage* en général considéré comme de peu d'importance, bien injustement. On a souvent dit que ce livre était influencé par *Oliver Twist* de Charles Dickens : c'est en partie vrai, mais Verne se sert en réalité de chaque étape de l'existence de P'tit-Bonhomme pour mettre en scène ses principales obsessions : tout d'abord, le spectacle, avec les marionnettes et surtout le monde de l'actrice Anna Watson, longuement détaillé, souvent de façon satirique. Ensuite, l'influence, montrée de manière totalement cataclysmique, du climat sur le devenir de la Terre et des hommes : sauf que cette fois nous ne sommes pas dans le Grand Nord mais en Irlande, en Europe. Ce long passage est une preuve de plus que Verne se préoccupait sérieusement de la question et nous savons aujourd'hui qu'il n'avait pas tort. Nous trouvons toujours aussi ce rêve autarcique de Jules Verne, en butte aux réalités économiques particulièrement dures. P'tit-Bonhomme s'en tire en se lançant dans la libre entreprise, mais tout en restant intégré dans un clan : chaque membre de son commerce lui est lié d'une manière ou d'une autre. Il est significatif d'ailleurs que dans ce récit les personnages négatifs soient largement majoritaires.

Paysage d'Irlande. *(Cliché Samuel Dhote)*

EXTRAIT.

La famille de Martin Mac Carthy est particulièrement éprouvée par un hiver où la température tombe à trente degrés au-dessous de zéro.

Ce qui passait toute croyance, c'est que le froid ne perdait rien de son intensité, quoique la neige ne cessât de tomber en abondance. Il est vrai, ce n'était point une chute de légers flocons étoilés, mais une véritable averse de minces glaçons, projetés par les remous giratoires de la bourrasque. De là, un dépouillement complet de la frondaison des arbrisseaux et des arbres à feuilles persistantes.

Entre les rives de la Cashen un embâcle se forma, qui atteignit des proportions énormes. On eût dit d'un véritable iceberg, et c'était à se demander si les crues ne produiraient pas de nouveaux sinistres, lorsque cette masse se liquéfierait aux premières chaleurs du printemps. Et, dans ce cas, comment M. Martin et ses fils parviendraient-ils à préserver les corps de bâtiments, si la rivière débordait jusqu'à la ferme ?

La Chaussée des Géants. *(Illustration de Benett) (BM Nantes)* ▼

❶ Wesport ; ❷ Galway ; ❸ Limerick ; ❹ Tralee ; ❺ Château de Trelingar (fictif) ; ❻ Killarney ; ❼ Cork ; ❽ Dublin. *(Coll. R. Lagier)*

Mirifiques aventures de Maître Antifer

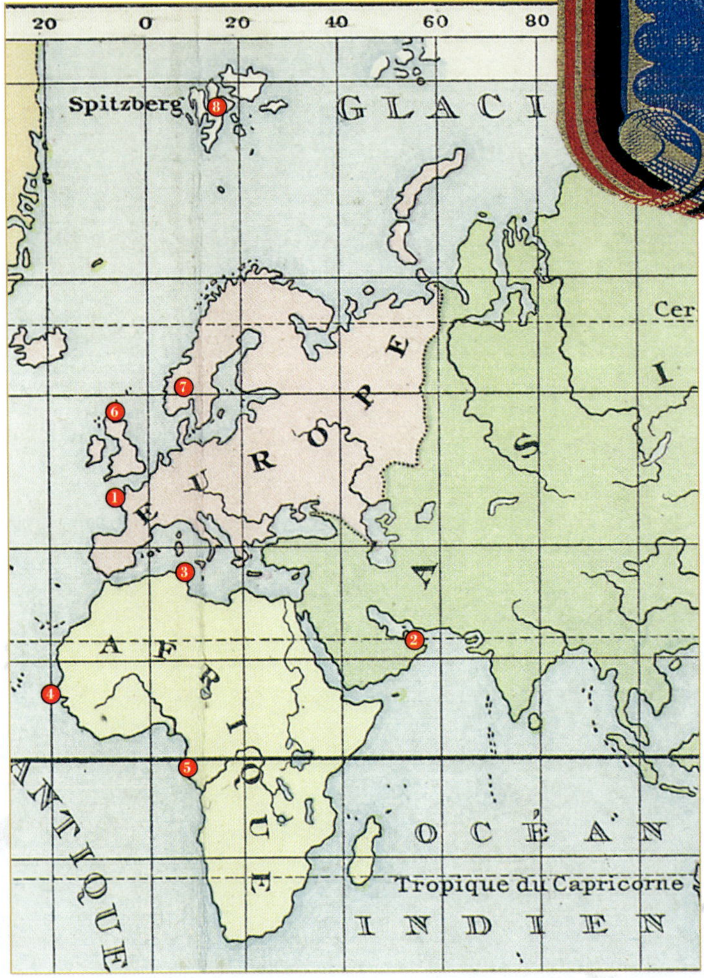

1 Saint-Malo
2 Mascate (Oman)
3 Tunis
4 Dakar
5 Ma Youmba (Congo)
6 Ecosse
7 Norvège
8 Spitzberg
(Coll. R. Lagier)

Rédigé entre 1892 et 1893. Publié en feuilleton dans le Magasin d'Education et de Récréation de janvier à décembre 1894. Edité chez Hetzel en 2 volumes en août et novembre 1894.

L'HISTOIRE.

Le Malouin Antifer se lance à la chasse au trésor d'un Egyptien fortuné. Pour connaître le lieu où il se trouve, il doit contacter d'autres héritiers, sillonner les mers et, à chaque étape, résoudre une énigme géodésique.

COMMENTAIRE.

Le début des années 1890 est marqué par une tendance à l'autocaricature : les voyages des personnages sont de plus en plus farfelus et, en même temps, les territoires qu'ils traversent ont de moins en moins une connotation extraordinaire. Si le rire est présent, le fantastique est aussi introuvable que le trésor. Ce roman s'annonce plutôt comme une sorte de jeu de société géant, très géométrique et systématique, avec ses règles, aussi étroites que les règles éditoriales auxquelles était astreint Jules Verne ; celui-ci semble, à cette époque, ne plus pouvoir supporter l'enfermement dans le cycle et trouve des parades, soit pour s'en éloigner, soit pour s'en moquer.

L'arrivée devant Aden. a*(Illustration de Roux) (BM Nantes)*

Saint-Malo, ou le retour en Bretagne. Si la France n'est quasiment pas traversée lors des parcours des Voyages (la frontière est dans *Le Chemin de France* et par voie aérienne dans *Robur le Conquérant*), en revanche de nombreux Bretons apparaissent tout au long du cycle. *(Coll. Monique Sclaresky)*

EXTRAIT.

La course d'Antifer l'entraîne désormais loin de sa Bretagne, vers l'Orient.

A mesure que le but s'approchait, le Malouin devenait plus nerveux, plus insociable. Toute sa vie se concentrait vers cet îlot tant désiré, cette mine d'or et de diamants qui lui appartenait. Il entrevoyait une caverne d'Ali-Baba dont la propriété lui avait été transférée par acte légitime et précisément dans ce pays des Mille et Une Nuits, où la fantaisie de Kamylk-Pacha venait de le conduire.

« Savez-vous, dit-il ce jour-là à ses compagnons, que si la fortune de ce brave homme d'Egyptien… »

Il en parlait avec familiarité, comme un neveu eût parlé d'un oncle d'Amérique dont il allait palper l'héritage.

« Savez-vous que si cette fortune eût consisté en lingots d'or, j'aurais été fort embarrassé, lorsqu'il se serait agi de l'emporter à Saint-Malo ?

- Je vous crois, mon oncle, répondit Juhel.

-Cependant, risqua le gabarier, en remplissant notre valise, nos poches, la coiffe de notre chapeau…

- Voilà bien des idées de marinier ! s'écria maître Antifer. Il se figure qu'un million en or, ça peut tenir dans un gousset ! »

L'Ecosse, une nouvelle fois présente dans un *Voyage extraordinaire*. Avec les Etats-Unis et le Canada, c'est le pays le plus souvent traversé (ou longé) par les personnages de Verne. *(Cliché Samuel Dhote)*

L'île à hélice

L'admiration des Hawaïens face à Standard Island. Mais au-delà de l'étonnement, c'est une certaine indifférence, une absence de contact réel qui marque les relations entre les milliardaires et les indigènes. *(Illustration de Benett) (BM Nantes)*

Rédigé en 1893. Publié en feuilleton dans le Magasin d'Education et de Récréation de janvier à décembre 1895. Edité chez Hetzel en 2 volumes en mai et novembre 1895.

L'HISTOIRE.

Quatre musiciens français, formant le Quatuor Concertant, font une tournée aux Etats-Unis. Calistus Munbar les invite à donner un récital dans une cité nouvelle : Milliard-City. Mais les musiciens vont s'apercevoir qu'ils sont à bord d'une île pour milliardaires, Standard-Island. Une île qui se déplace à travers le Pacifique.

COMMENTAIRE.

L'Ile à hélice est l'un des romans les plus importants du cycle. D'abord parce qu'il marque une tendance de Verne, désormais, à abandonner l'Histoire pour se tourner vers l'avenir : l'intrigue se déroule en effet au XXe siècle. Tous les grands thèmes du cycle s'y retrouvent donc et Verne imagine les solutions qu'adopteront les hommes dans le futur : la lutte contre les climats rudes en s'efforçant, avec cette île, de toujours se trouver en région tempérée ; la salubrité retrouvée grâce aux normes hygiéniques respectées ; l'avenir de la musique ; le spectacle des étoiles, etc.

Mais deux thèmes majeurs se détachent dans ce roman :

1° Quel est le type de gouvernement idéal : sous les regards d'un vieux roi déchu, le passager le plus sage de cette île, deux clans s'affrontent, Bâbord contre Tribord, aux religions et aux mœurs opposées. Pour savoir qui dirigera l'île, un vote démocratique est organisé, qui ne donne aucun résultat positif (Verne semblait toujours très sceptique sur ce sujet). Par ailleurs, la société américaine, à travers les deux clans, est violemment critiquée.

2° Au-delà de la société occidentale, c'est l'avenir du globe qui est mis en question : certes, il n'y a pas ici de menace de fin du monde, de cataclysme. Mais c'est la fin d'*un monde,* celui des *Voyages extraordinaires.* Les territoires traversés se civilisent, se standardisent comme l'île. Il n'y a même plus de cannibale, il n'y a plus de danger, la seule aventure possible devient l'affrontement ridicule entre les Standard-Islandais.

Il ne faudrait pas en déduire que *L'Ile à hélice* est un roman grave : comme souvent, Jules Verne a su allier les problèmes de son temps à l'humour le plus débridé.

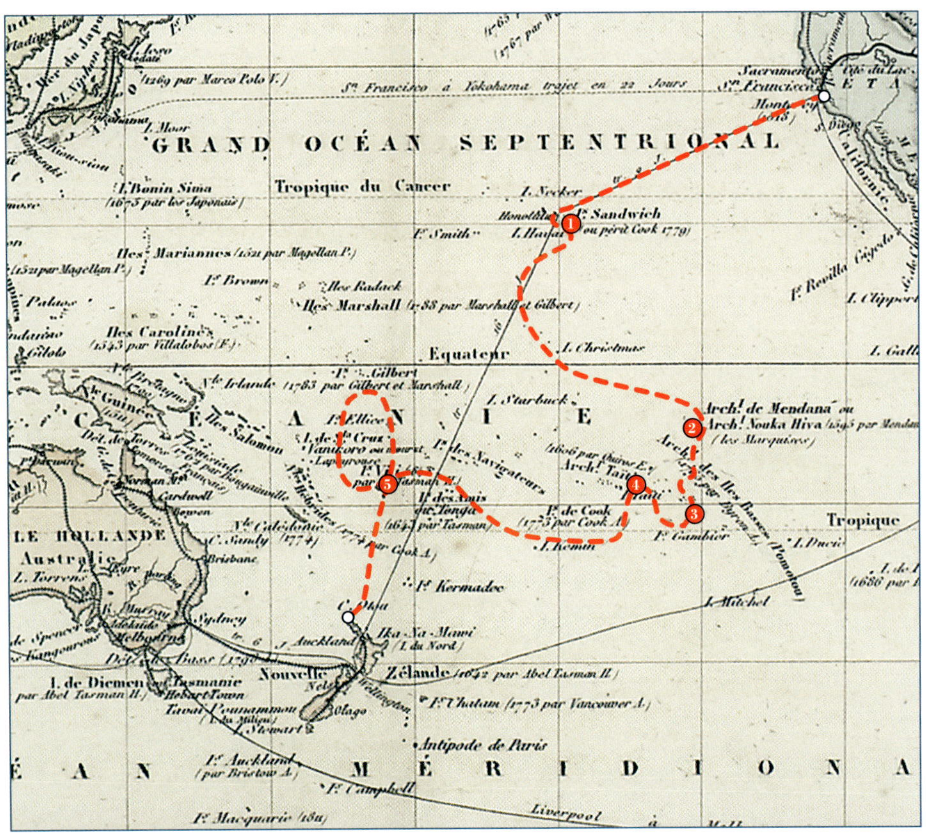

❶ Sandwich ; ❷ Marquises ; ❸ Pomotou ; ❹ Taïti ; ❺ Fidji. *(Coll. R. Lagier)*

La construction de Standard Island ou le mariage étrange de l'industrie et de l'écologie. Mais tout n'est-il pas qu'artifices sur cette île ?
(Illustration de Benett) (BM Nantes)

EXTRAIT.

Présentation de l'île par le narrateur.

Six ans avant l'époque où se place le début de cette histoire, une compagnie américaine, sous la raison sociale Standard-Island Company Limited, s'était fondée au capital de cinq cents millions de dollars, divisé en cinq cents parts, pour la fabrication d'une île artificielle qui offrirait aux nababs des Etats-Unis les divers avantages dont sont privées les régions sédentaires du globe terrestre. Les parts furent rapidement enlevées, tant les immenses fortunes étaient nombreuses alors en Amérique, qu'elles provinssent soit de l'exploitation des chemins de fer, soit des opérations de banque, soit du rendement des sources de pétrole, soit du commerce des porcs salés.

Quatre années furent employées à la construction de cette île, dont il convient d'indiquer les principales dimensions, les aménagements intérieurs, les procédés de locomotion qui lui permettent d'utiliser la plus belle partie de l'immense surface de l'océan Pacifique.

(Coll. Ch. Le Corre)

Un drame en Livonie

Commentaire.

A partir des années 1890, Jules Verne, dont la santé ne va cesser de se détériorer, semble désormais écrire constamment, cependant qu'à l'inverse, la maison Hetzel (le fondateur est mort en 1886, c'est le fils qui tient désormais les rênes) publie à un rythme moindre et pas forcément en suivant l'ordre de réception des manuscrits : d'où le décalage surprenant que l'on va trouver désormais entre la date de rédaction et celle de publication : dix ans pour ce livre !

Un drame en Livonie n'a certes pas la force des grandes œuvres de l'époque (ce qui explique sans doute que Hetzel ne se soit pas pressé de l'éditer). Toutefois, il nous présente le premier roman policier de Jules Verne qui va s'intéresser de plus en plus à ce genre d'enquêtes. L'influence des *Frères Karamazov* de Dostoïevski est perceptible. Par ailleurs, dans la foulée de *L'Ile à hélice,* Verne met en scène à nouveau deux clans politiques opposés et prêts à l'affrontement. Si certains clichés des romans-feuilletons (le père qui se sacrifie, le jeune homme héroïque, la jeune fille fidèle) abondent dans ce roman, on appréciera tout de même le premier chapitre qui présente une entrée en matière originale, ainsi que les scènes dans l'auberge.

La maison de Nicolef est menacée par la foule. Ce thème de la foule versatile et déchaînée revient fréquemment dans les *Voyages.* *(Illustration de Benett) (BM Nantes)*

◄

Rédigé en 1893-1894. Publié en feuilleton dans le Magasin d'Education et de Récréation *de janvier à juin 1904. Publié chez Hetzel en juillet 1904.*

L'histoire.

Dans une auberge au cœur de la Livonie, Poch, employé de la banque Johausen, est assassiné pendant la nuit dans sa chambre et l'argent qu'il transportait est dérobé. Les soupçons des enquêteurs se portent sur Dimitri Nicolef qui a passé la nuit dans cette auberge et est parti précipitamment au cœur de la nuit. A cette énigme policière se mêlent des conflits politiques, Nicolef étant le chef du parti slave.

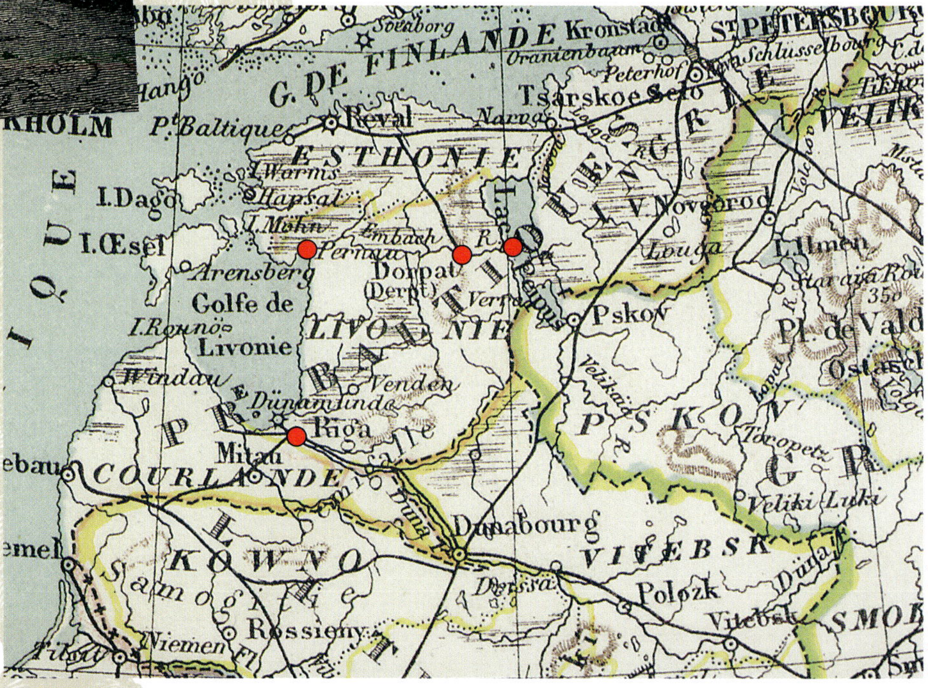

(Coll. R. Lagier)

EXTRAIT.
Début de l'histoire.

Cet homme était seul dans la nuit. Il passait comme un loup entre les blocs de glace entassés par les froids d'un long hiver. Son pantalon doublé, son « Khalot », sorte de cafetan rugueux, en poil de vache, sa casquette à oreilles rabattues, ne le défendaient qu'imparfaitement des atteintes de l'âpre bise. De douloureuses gerçures fendaient ses lèvres et ses mains. La pincée de l'onglée lui serrait l'extrémité des doigts. Il allait à travers une obscurité profonde, sous un ciel bas dont les nuages menaçaient de se résoudre en neige, bien que l'on fût déjà aux premiers jours d'avril, mais à la haute latitude du cinquante-huitième degré. Il s'obstinait à ne pas s'arrêter. Après une halte, peut-être eût-il été incapable de reprendre sa marche.

(Coll. Ch. Le Corre)

Riga en Lettonie. *(Coll. Ch. Le Corre)*

Trankel au marché de Riga. *(Illustration de Benett) (BM Nantes)* ▼

▼ Dans *Un drame en Livonie*, Verne ne cache rien de la misère du peuple. Celle-ci est d'ailleurs souvent mise en exergue dans les illustrations représentant les provinces russes et baltes. Les Beaux Voyages, *Russie (Coll. Ch. Le Corre)*

PAYSANS EN VISITE À LA VILLE—
(L'ACCÈS DU TROTTOIR LEUR EST INTERDIT.)

Le Superbe Orénoque

Rédigé en 1894. Publié en feuilleton dans le Magasin d'Education et de Récréation *de janvier à décembre 1898. Edité chez Hetzel en 2 volumes en juin et novembre 1898.*

Le saurien est la principale menace des voyageurs sur l'Orénoque. *(Illustration de Roux) (BM Nantes)*

L'histoire.

Trois géographes qui se disputent au sujet de l'Orénoque décident de voyager sur le fleuve pour vérifier leurs dires. Se joignent à eux le sergent Martial et son mystérieux neveu qui sont à la recherche du père de ce dernier, ainsi que Jacques Helloch et le scientifique Germain Paterne.

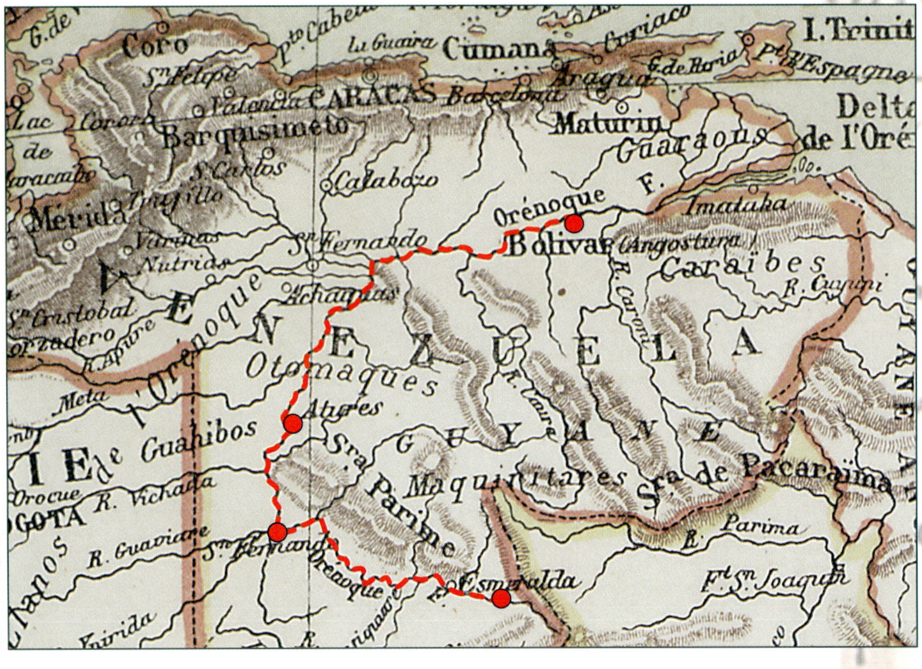

(Coll. R. Lagier)

Commentaire.

Ce roman renoue avec l'ancienne manière des *Voyages extraordinaires* et le résultat est plutôt réussi. Humour et péripéties se multiplient dans cette histoire qui fourmille en descriptions de toute beauté. La quête du mystérieux Jean (dont le secret doit beaucoup au *Château périlleux* de Walter Scott ou à *La Flèche noire* de Stevenson) nous fait retrouver toutes ces errances initiatrices des premiers *Voyages*. Avec cette recherche du père, avec les procédés d'autrefois, c'est une double quête des origines à laquelle nous assistons ; et même triple, si l'on songe aux trois savants qui s'intéressent aux sources du fleuve.

On assiste à une réflexion sur la condition de l'homme, son destin qui doit l'amener à choisir entre vivre seul ou en société. Des chercheurs ont déjà relevé la présence inhabituelle de la religion (plutôt discrète, généralement, chez Verne, même si ses personnages sont *censés* être croyants) dans ce roman. La mission Santa-Juana est d'ailleurs un autre de ces lieux autarciques que Jules Verne ne cesse de mettre en scène.

EXTRAIT.
Ce passage est révélateur de la façon dont Verne se sert de ses descriptions pour mettre en scène des lieux réceptifs à toutes les formes de la création.

En longeant les berges granitiques d'une île qui porte le nom de Piedra del Tigre, les passagers des pirogues se trouvèrent en présence d'un curieux buffet de ces roches sonores, qui sont célèbres au Venezuela.

En premier lieu, leur oreille avait été frappée par une suite de sons musicaux très distincts, un ensemble harmonique d'une intensité particulière. Comme les falcas naviguaient alors l'une près de l'autre, on put entendre le sergent Martial s'écrier de l'avant de la Gallinetta :

« Ah ça ! quel est le chef de musique qui nous donne une pareille sérénade ?... »

Il ne s'agissait point d'une sérénade, bien que la région fût aussi espagnole de mœurs que la Castille ou l'Andalousie. Mais les voyageurs auraient pu se croire à Thèbes, au pied de la statue de Memnon.

M. Miguel s'empressa de donner l'explication de ce phénomène d'acoustique, qui n'est pas particulier à ce pays.

« Au lever du soleil, dit-il, cette musique que perçoivent nos oreilles eût été plus perceptible encore, et voici quelle en est la cause. Ces roches contiennent en grand nombre des paillettes de mica. Sous les rayons solaires, l'air dilaté s'échappe des fissures de ces roches, et, en s'échappant, fait vibrer ces paillettes.

- Eh ! répondit Jacques Helloch, le soleil est un habile exécutant !...

- Ça ne vaut pas le biniou de notre Bretagne ! dit le sergent Martial.

- Non, sans doute, répliqua Germain Paterne. Tout de même un orgue naturel, cela fait bien dans le paysage... »

Outre ses fleuves géants, l'Amérique du Sud comprend également d'immenses forêts vierges. L'expédition de Jean de Kermor va se retrouver dans une situation identique à celle présentée sur cette illustration. Le Petit Journal, *1890-91 (Coll. Ch. Le Corre)* ▼

◀
Mais les tortues, lorsqu'elles sont en surnombre, représentent aussi un danger, comme le montre l'une des scènes les plus étonnantes du roman. Ici, c'est une tortue solitaire qui va servir de victuailles. Le Tour du monde, *1863, 2e semestre (Coll. Ch. Le Corre)*

FACE AU DRAPEAU

Back-Cup, ou l'île en forme de tasse. La forme des îles de Jules Verne est toujours plus étonnante au fil des romans. *(Illustration de Benett) (BM Nantes)*

Rédigé en 1894-1895. Publié en feuilleton dans le Magasin d'Education et de Récréation *de janvier à juin 1896. Edité chez Hetzel en juillet 1896.*

L'HISTOIRE.

Le chimiste Thomas Roch, spécialiste en explosifs, a perdu la raison et est soigné dans un hôpital américain. Mais le bandit Ker Karraje l'enlève afin de lui arracher ses secrets de fabrication.

COMMENTAIRE.

Si l'intrigue de ce Voyage extraordinaire peut sembler un peu trop classique, elle met en exergue une source de préoccupation de plus en plus présente chez Verne depuis Robur le Conquérant dix ans plus tôt : les dérapages des scientifiques, la mauvaise utilisation de leurs découvertes, en l'occurrence, ici, un explosif. Jules Verne fut à l'époque accusé de s'être inspiré, pour son personnage de Thomas Roch, du scientifique Turpin ce qui lui valut un procès de la part de ce dernier. Dans ce roman, la folie est une fois de plus observée par le romancier, qui laisse la parole à un héros à la première personne, chargé de surveiller Thomas Roch et qui, sous la forme d'un journal, relève jour par jour les évolutions de l'état du savant. Si l'on excepte Hatteras (mais cela ne concerne que la fin du roman polaire), c'est la première fois que la folie est incarnée par un homme ; cette fois, au lieu d'être un signe d'exclusion, elle devient une menace, ce qui se reproduira avec le dernier roman de Verne, Maître du monde.

Par ailleurs, Back-Cup, le refuge des bandits, est une nouvelle apparition de ce fantasme vernien de la vie troglodyte, déjà présente dans Hector Servadac et Les Indes Noires. Ce roman comporte un morceau de bravoure, l'affrontement entre deux vaisseaux sous-marins, scène pour une fois proche de la science-fiction.

▲ Au cours de la dernière décennie, on voit resurgir l'ancienne fascination de Jules pour les véritables géants des mers… *(Illustration de Benett) (BM Nantes)*

▲ … et pour ceux fabriqués par l'homme. Quatre ans plus tard, le parallèle apparaît encore dans *Les Histoires de Jean-Marie Cabidoulin*. *(Illustration de Benett) (BM Nantes)*

▶ Couverture de *Face au drapeau/Clovis Dardentor* : cartonnage dit à la *mappemonde*. *(BM Nantes)*

Extrait.

Les bandits, qui ont enlevé Thomas Roch, arrivent dans leur repaire.

Cet îlot, de contexture curieuse, figure assez exactement une tasse renversée, du fond de laquelle s'échappe une montée de vapeur fuligineuse. Son sommet – le fond de la tasse, si l'on veut – doit s'élever d'une centaine de mètres au-dessus du niveau de la mer, et ses flancs présentent des talus d'une raideur régulière, qui paraissent aussi dénudés que les rochers de la base incessamment battus du ressac.

Mais une particularité de nature à rendre cet îlot très reconnaissable aux navigateurs qui l'aperçoivent en venant de l'ouest, c'est une roche à jour. Cette arche naturelle semble former l'anse de ladite tasse, et livre passage aux tourbillonnants embruns des lames comme aux rayons du soleil, alors que son disque déborde l'horizon de l'est. Aperçu dans ces conditions, cet îlot justifie tout à fait le nom de Back-Cup qui lui a été attribué.

Clovis Dardentor

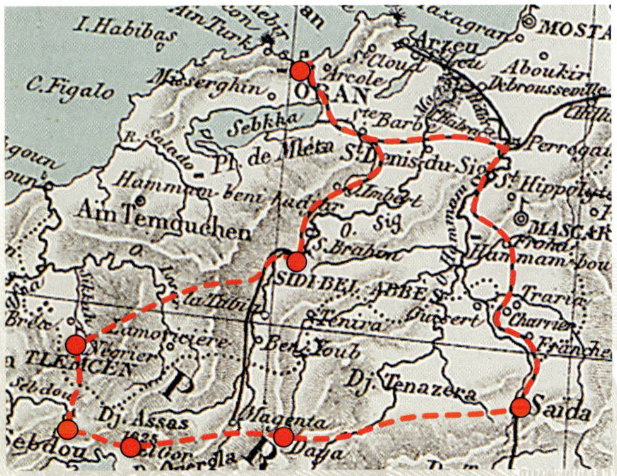

Oran ➜ Saïda ➜ Daya ➜ El-Cor ➜ Sebdou ➜ Tlemcen ➜ Sidi-Bel-Abbes ➜ Oran. *(Coll. R. Lagier)*

Rédigé en 1895. Publié en feuilleton dans le Magasin d'Education et de Récréation *de juillet à décembre 1896. Publié chez Hetzel en novembre 1896.*

L'histoire.

Les aventures de Clovis Dardentor, robuste et joyeux Perpignanais qui traverse l'Afrique du Nord en compagnie de Jean Taconnat, lequel espère devenir son fils adoptif, de la famille Désirandelle, qui manigance un mariage avantageux, et du domestique Patrice, qui cherche à rendre son maître plus distingué.

Commentaire.

Ce roman est généralement considéré comme une œuvre mineure ou tout au plus comme un cryptogramme géant dévoilant le secret du trésor de Rennes-le-Château. Pourtant, il est l'aboutissement d'une longue réflexion de Jules Verne sur l'hygiène du corps et la santé morale, dépendant de l'environnement et d'une sensibilité propre. De ce fait, Clovis Dardentor est, pourrait-on dire, *monstrueux de bonne santé* ! La maladie ou, simplement, les risques de la vie de voyageur (notamment en Afrique), ne l'atteignent pas, même quand ils sont souhaités par un tiers. Toute la question est de savoir si cet homme qui ne dépend de personne et n'a aucune faiblesse est heureux pour autant : on voit qu'ici le problème autarcique rejoint celui de l'hygiène. De plus, par ses descriptions de la partie nord du continent africain (autrement dit, les colonies françaises), Verne laisse entendre que pour parvenir à une santé telle que celle de son personnage, il faut peut-être vivre dans un monde devenu lisse, aseptisé, dépourvu de péril, donc d'aventure. Tel Baudelaire, Dardentor et ses deux jeunes amis cherchent du neuf. Toujours est-il que le résultat est l'un des romans les plus amusants du cycle. On peut d'ailleurs également voir des ressemblances entre le théâtre d'Eugène Labiche et de nombreuses scènes de *Clovis Dardentor.*

La traversée de longues routes désertiques… ▼
(Coll. Ch. Le Corre)

Retour victorieux de la chasse. Les expéditions cynégétiques de Clovis Dardentor vont jouer un grand rôle sur sa destinée : au point, peut-être, d'acquérir une paternité inattendue ! *(Coll. Ch. Le Corre)* ▲

La cascade d'El-Ourit. *(Illustration de Benett)* (BM Nantes)

EXTRAIT.

A bord du paquebot, Dardentor discute avec le docteur Bruno des éventuels dangers de leur voyage.

M. Clovis Dardentor ne s'était jamais mieux porté, tout en le regrettant pour le docteur, dont il n'aurait sans doute pas à utiliser les précieux services.

« Il ne faut jamais jurer de rien, monsieur Dardentor, répondit le docteur Bruno. Bien des hommes aussi solides que vous l'êtes, après avoir résisté toute une traversée, ont faibli juste en vue du port !

- Allons donc, docteur ! C'est comme si vous disiez à un marsouin de prendre garde au mal de mer…

- Mais j'ai vu des marsouins l'avoir, riposta le docteur… Lorsqu'on les tirait de l'eau au bout d'un harpon ! »

[…] Pendant ce repas, et en dépit des observations qu'avait formulées Patrice, le dé de la conversation ne cessa de s'agiter entre les doigts de M. Dardentor. Mais cette fois, notre Perpignanais parla moins de son passé et plus de son avenir, et par l'avenir, il entendait son séjour à Oran. Il comptait visiter toute la province, peut-être toute l'Algérie, peut-être s'aventurer jusqu'au désert… pourquoi pas ?… Et, à ce propos, il demanda s'il y avait toujours des Arabes en Algérie.

« Quelques-uns, dit Marcel Lornans. On les conserve pour la couleur locale.

- Et des lions ?

-Une bonne demi-douzaine, répliqua Jean Taconnat, et encore sont-ils en peau de mouton avec des roulettes aux pattes… »

(Coll. part.)

▲ L'Antarctique, délimité par une ligne bleue, est une représentation imaginaire de Jules Verne. Les îles Benett et Tsalal ont été inventées par Edgard Poe, le troisième point bleu représente l'emplacement du sphinx.

L'aurore australe : telle une draperie féerique se levant pour offrir aux spectateurs un spectacle fantastique. *(Illustration de Roux) (BM Nantes)*

Le *sphinx* des glaces

Rédigé en 1895-1896. Publié en feuilleton dans le Magasin d'Education et de Récréation *de janvier à décembre 1897. Paru chez Hetzel en 2 volumes en juin et novembre 1897.*

L'HISTOIRE.

Jeorling, le narrateur de cette histoire, parvient à embarquer à bord de l'*Halbrane,* en partance des îles Kerguelen. Il apprend que le capitaine Guy est à la recherche de son frère et d'Arthur Pym… en principe deux personnages d'un roman d'Edgar Allan Poe !

COMMENTAIRE.

Voici l'un des plus beaux hommages qu'un écrivain ait pu rendre à un autre, puisqu'il s'agit de donner une suite aux *Aventures d'Arthur Gordon Pym,* roman inachevé du maître, Edgar Poe – lequel a largement inspiré Verne à ses débuts. D'où le ton résolument fantastique, avec ce narrateur qui a lu lui aussi *Pym* et se voit obligé d'admettre que ce qu'il prenait pour un roman était une réalité.

On voit donc Verne réussir un exercice extrêmement subtil consistant à aller sur les pas d'un autre écrivain, tout en s'efforçant d'y rétablir un peu de vraisemblance et beaucoup d'originalité. Comme pour *Bombarnac,* il s'agit aussi de montrer les péripéties d'un écrivain et sa façon d'utiliser à la fois la réalité (ce qu'on connaît de l'Antarctique) et la fiction (ce que Poe en a dit). Mais *Le Sphinx des glaces* est avant tout une belle interrogation sur le devenir de la planète (on sait qu'aujourd'hui beaucoup de choses se jouent en Antarctique) et sur les thèmes de la mort et de la disparition.

Jules Verne dénonce dans ce roman le massacre des phoques. *L'Illustration, 1893 (Coll. Ch. Le Corre)*

Extrait.

Le capitaine Guy, Jeorling et leurs compagnons arrivent au cœur du pôle Sud.

Nous approchions du massif, maintenant sorti des brumes et dont la forme s'accusait avec plus de netteté. C'était, je l'ai dit, à peu près celle d'un sphinx – un sphinx de couleur fuligineuse, comme si la matière qui le composait eût été oxydée par les longues intempéries du climat polaire. Et alors, une hypothèse surgit dans mon esprit – une hypothèse qui expliquait ces étonnants phénomènes.

« Ah ! m'écriai-je, un aimant… Il y a là… là… un aimant… doué d'une force d'attraction prodigieuse !… »

Je fus compris, et, en un instant, la dernière catastrophe dont Hearne et ses complices avaient dû être victimes s'illumina d'une terrible clarté. Ce massif n'était qu'un aimant colossal.

Le Petit Journal

TOUS LES JOURS
Le Petit Journal
5 Centimes

SUPPLÉMENT ILLUSTRÉ
Huit pages : CINQ centimes

TOUS LES DIMANCHES
Le Supplément illustré
5 Centimes

Cinquième année — LUNDI 27 AOUT 1894 — Numéro 197

L'expédition polaire Wellman
LE CAMPEMENT SUR LA GLACE

Cette couverture présente une situation fréquente lors des expéditions polaires et qu'on retrouve dans *Le Sphinx des glaces* : un navire pris dans les glaces et l'équipage contraint d'hiberner. *Le Petit Journal, 1894 (Coll. Ch. Le Corre)*

Le pôle magnétique dans l'Antarctique serait un sphinx géant. Bien plus qu'une explication erronée ou qu'un trait humoristique, il faut sans doute voir là le signe que cette région du globe n'est encore, en cette fin du XIXe siècle, qu'une vaste énigme pour les explorateurs. *(Illustration de Roux) (BM Nantes)*

Ce roman est celui de la confrontation de l'homme et du singe. Ici, les quadrumanes guettent le radeau des trois voyageurs. *(Illustration de Roux) (BM Nantes)*

(Coll. Ch. Le Corre)

Le village aérien

Rédigé en 1896. Publié en feuilleton dans le Magasin d'Education et de Récréation *de janvier à juin 1901. Edité chez Hetzel en juillet 1901.*

L'histoire.

Trois aventuriers et un enfant sont amenés à traverser une immense forêt au cœur de l'Afrique. Ils trouvent les traces du passage du docteur Johausen, spécialiste des singes, disparu depuis longtemps. Ils vont bientôt également rencontrer une tribu d'êtres qui ne seraient ni vraiment des humains, ni vraiment des singes.

Commentaire.

Le Superbe Orénoque et *Le Sphinx des glaces* avaient marqué le retour de Jules Verne à l'ancienne manière des *Voyages extraordinaires.* C'est également le cas pour *Le Village aérien.* D'autant que ce roman reprend un des thèmes favoris de Verne, quelque peu oublié dans la dernière décennie : les rapports de l'homme avec le singe. Ici, c'est ni plus ni moins le chaînon manquant qui nous est présenté avec la découverte de ces êtres qui vivent à la cime des arbres géants. La métaphore est visible : les arbres sont également généalogiques et c'est un voyage à travers le temps qu'effectuent Max et ses compagnons. Cette forêt impénétrable serait la Terre au commencement de la Création.

Toute la question est de savoir si Verne émet ici une hypothèse à prendre au sérieux, ou au contraire ironise. C'est souvent la seconde solution qui est retenue, d'autant qu'il se moque, lors des scènes finales, de la religion, ceci de manière souvent cruelle. Toutefois, on sait qu'un même sujet peut être abordé par Verne sous des tonalités variées et il serait imprudent de trop vite considérer ce roman comme une raillerie des thèses darwinistes. Il pourrait bien plutôt s'agir de la vision poétique d'une conception scientifique. Ce qui s'accorderait d'ailleurs parfaitement avec les descriptions, une fois de plus étonnantes, de ce lieu fantastique qu'est la Grande Forêt.

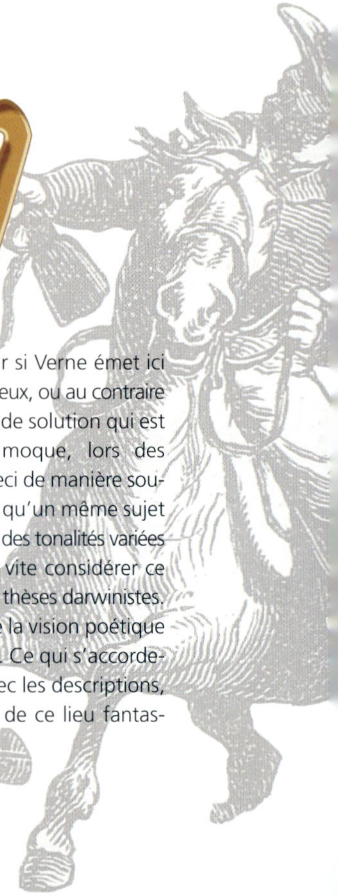

◄ ▲ Jules Verne a pris soin de placer son récit dans une grande forêt située dans une région non précisée de l'Afrique. On peut tout de même supposer que l'Afrique occidentale française est l'une des sources de l'inspiration de l'écrivain. Ci-contre, des représentations de tribus de Côte d'Ivoire. L'image que les occidentaux se font à l'époque des habitants du continent africain est souvent très fantasmagorique. *(Coll. Ch. Le Corre)*

EXTRAIT.

Les deux héros assistent à une fête de la tribu des Wagddis, au cours de laquelle apparaît leur mystérieux souverain.

Le cortège se mit en marche, de manière à faire le tour de la place. La foule se courbait jusqu'à terre, silencieuse, comme hypnotisée par l'auguste présence de Msélo-Tala-Tala. Le souverain semblait fort indifférent, d'ailleurs, aux hommages qu'il recevait, qui lui étaient dus, dont il avait probablement l'habitude. A peine s'il daignait remuer la tête en signe de satisfaction. Pas un geste, si ce n'est à deux ou trois reprises pour se gratter le nez – un long nez que surmontaient de grosses lunettes –, ce qui justifiait son surnom de « Père Miroir ».

Les deux amis le regardèrent avec une extrême attention, lorsqu'il passa devant eux.

« Mais… c'est un homme !… affirma John Cort.

- Un homme ?… répliqua Max Huber.

- Oui… un homme… et… qui plus est… un Blanc !… »

La rencontre de l'expédition avec un troupeau d'éléphants va avoir de graves conséquences pour la suite du récit. Le Tour du monde, *1883 (Coll. Ch Le Corre)*

Seconde patrie

L'habitation aérienne des Robinsons suisses. Jules Verne est ici dans la continuité du *Village aérien* s'agissant du type d'habitat. *(Illustration de Roux) (BM Nantes)*

Rédigé en 1896-1897. Publié en feuilleton dans le* Magasin d'Education et de Récréation *de janvier à décembre 1900. Edité chez Hetzel en 2 volumes en juillet et novembre 1900.

L'histoire.

Après avoir quitté la Nouvelle-Suisse, cette île qui recueillait les Robinsons suisses dans le roman de Wyss, des voyageurs sont surpris par des pirates qui les abandonnent sur une terre inconnue.

Commentaire.

De même que *Le Sphinx des glaces* était la suite des *Aventures d'Arthur Gordon Pym*, *Seconde Patrie* est la continuation du *Robinson Suisse* de Wyss que Verne préférait au *Robinson Crusoé* de Defoe. Mais le parallèle s'arrête là : si *Le Sphinx des glaces* est un chef-d'œuvre, *Seconde Patrie* est loin de mettre en valeur le génie de Verne. On y trouve toutefois quelques-unes des préoccupations de l'écrivain, notamment celle du rapport à l'or et à l'argent. *Les Enfants du capitaine Grant* et, avec une variante (l'or remplacé par les diamants), *L'Etoile du Sud* montraient déjà la « folie » des hommes prêts à tout abandonner pour se lancer à la recherche du précieux métal. *Seconde Patrie* semble vouloir nous avertir *de ce qui pourrait arriver* (et qui arrivera dans de prochains romans, comme *En Magellanie*). Par ailleurs, dans la continuité du *Village aérien,* on retrouve une tribu d'êtres intermédiaires entre l'homme et le singe.

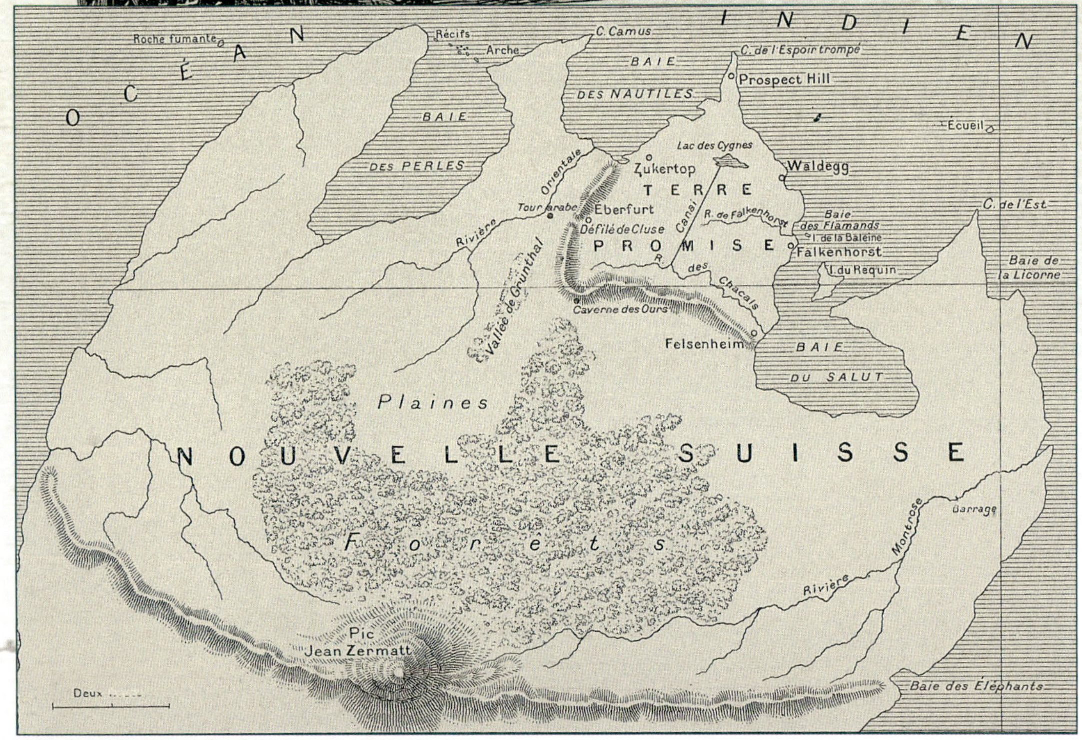

(BM Nantes)

Beaucoup plus que *Robinson Crusoé*, c'est *Le Robinson suisse* de Johann Wyss qui a inspiré le goût de Verne pour ce genre de roman au point d'en écrire une suite (qui est toutefois autant une parodie qu'un hommage). *(BM Nantes)* ▶

LE
ROBINSON
SUISSE
TRADUIT DE L'ALLEMAND DE WYSS
PAR Mme ÉLISE VOIART
PRÉCÉDÉ D'UNE INTRODUCTION DE M. CHARLES NODIER
Orné de 200 vignettes
D'APRÈS LES DESSINS DE M. CH. LEMERCIER.

PARIS.
LAVIGNE, LIBRAIRE-ÉDITEUR,
RUE DU PAON SAINT-ANDRÉ, 1.
1841.

▼ Manuscrit de *Seconde Patrie*. *(BM Nantes)*

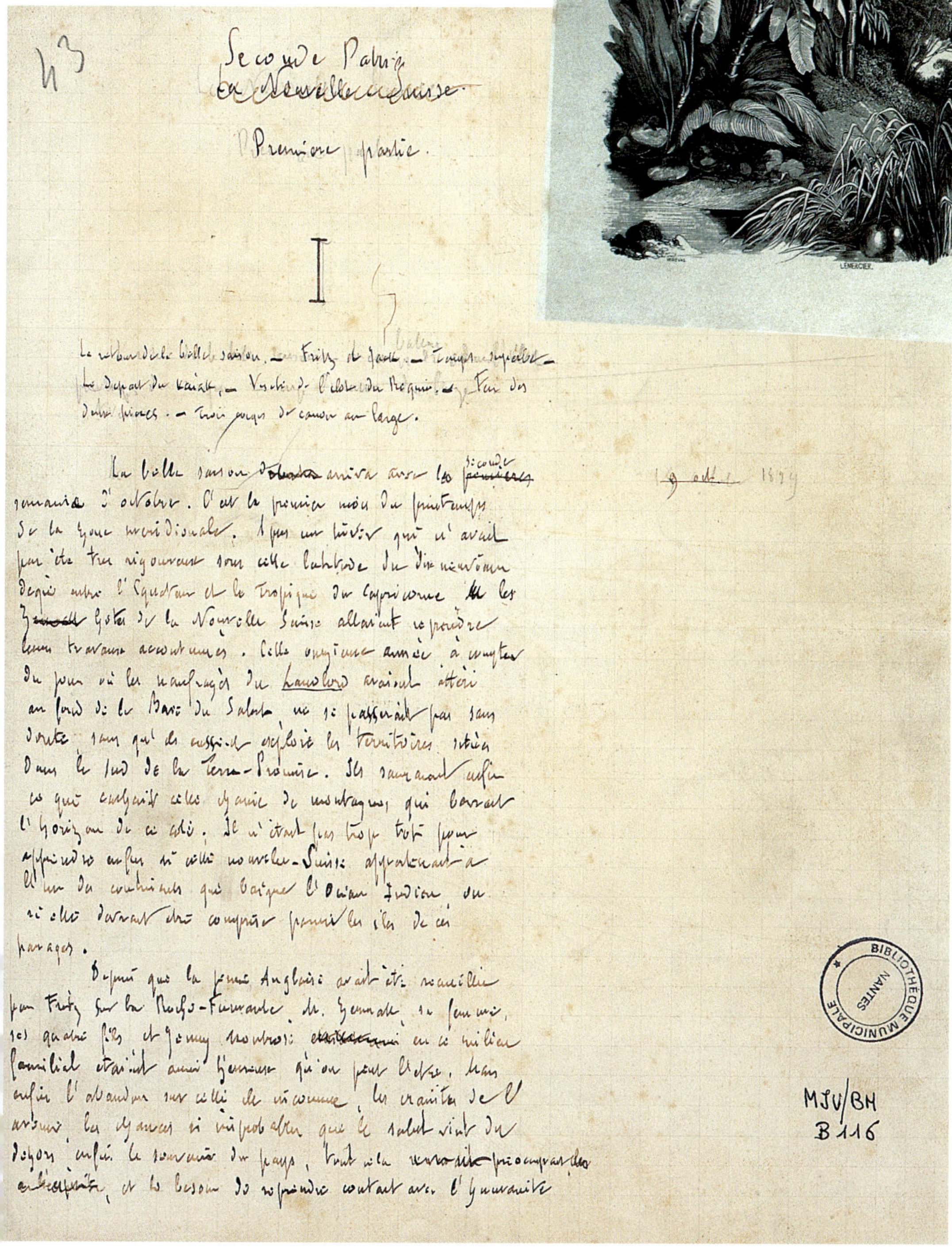

N° 3

Seconde Patrie
~~La Nouvelle-Suisse~~

Première partie.

I

Le retour de la belle saison. — Fritz et Jack. — Temps superbe. — Le départ du caiak. — Visite à l'îlot du Requin. — Feu des deux pièces. — Trois coups de canon au large.

La belle saison arriva avec la ~~première~~ seconde semaine d'octobre. C'est le premier mois du printemps de la zone méridionale. Après un hiver qui n'avait pas été très rigoureux sous cette latitude du dix-neuvième degré entre l'Équateur et le Tropique du Capricorne, les ~~Zermatt~~ hôtes de la Nouvelle-Suisse allaient reprendre leurs travaux accoutumés. Cette onzième année, à compter du jour où les naufragés du Landlord avaient atterri au fond de la Baie du Salut, ne se passerait pas sans doute sans qu'ils eussent exploré les territoires situés dans le sud de la Terre-Promise. Ils sauraient enfin ce que cachait cette chaîne de montagnes qui barrait l'horizon de ce côté. Il n'était pas trop tôt pour apprendre enfin si cette Nouvelle-Suisse appartenait à l'un des continents que baigne l'Océan Indien ou si elle devait être comptée parmi les îles de ces parages.

Depuis que la jeune Anglaise avait été recueillie par Fritz sur la Roche-Fumante, M. Zermatt, sa femme, ses quatre fils et Jenny Montrose, en ce milieu familial étaient aussi heureux qu'on peut l'être. Mais enfin l'abandon sur cette île inconnue, les craintes de l'avenir, les chances si improbables que le salut vînt du dehors, enfin le souvenir du pays, tout cela préoccupait les esprits, et le besoin de reprendre contact avec l'humanité

EXTRAIT.

Les naufragés abordent une terre inconnue.

Ils éprouvèrent d'abord [...] une impression de découragement devant l'aspect sauvage et désolé de ce tapis de sable, crevé çà et là de têtes rocheuses. Pas un arbre, pas un arbuste, pas trace de végétation – l'aridité dans toute sa tristesse et toute son horreur. [...] Au-delà du promontoire s'arrondissait une crique, [...] bordée d'une plage de sable, limitée en arrière par la falaise. A son extrême pointe se dressait un morne, coupé à pic, dont le pied trempait dans la mer.

[...] « - A défaut de bois, fit observer Fritz, si nous étions forcés d'hiverner ici, ces varechs nous fourniraient assez longtemps du combustible...

- Un combustible qui brûle vite ! ajouta le bosseman. Il est vrai, avant d'avoir épuisé de pareilles masses... Enfin, nous avon toujours de quoi faire bouillir la marmite aujourd'hui !... »

Le testament d'un excentrique

Rédigé en 1897. Publié en feuilleton dans le Magasin d'Education et de Récréation *de janvier à décembre 1899. Edité chez Hetzel en 2 volumes en août et novembre 1899.*

L'HISTOIRE.

Le milliardaire William Hypperbone, mort d'une congestion cérébrale, lègue sa fortune à celui des six candidats qui remportera une partie de jeu de l'oie géante, dont les cases sont l'ensemble des Etats-Unis.

COMMENTAIRE.

Sous son apparence « excentrique », ce roman est l'un des plus importants de Jules Verne, apportant une touche finale à la réflexion esthétique du cycle. L'écrivain a alors soixante-neuf ans, il est malade. L'idée de la mort le hante, mais il espère

Carte du Noble jeu des Etats-Unis d'Amérique. Il s'agit en fait d'un jeu de l'Oie grandeur nature. On est ici dans le registre du jeu de rôle (et en ce Verne se montre précurseur), de l'autoparodie, mais aussi de la performance : comme par la suite des auteurs aussi diverses que Raymonde Rous les Surréalistes ou les membres de l'Oulipo, Verne se donne des contraintes ludiques pour établir le scénario de son roman. *(BM Nan*

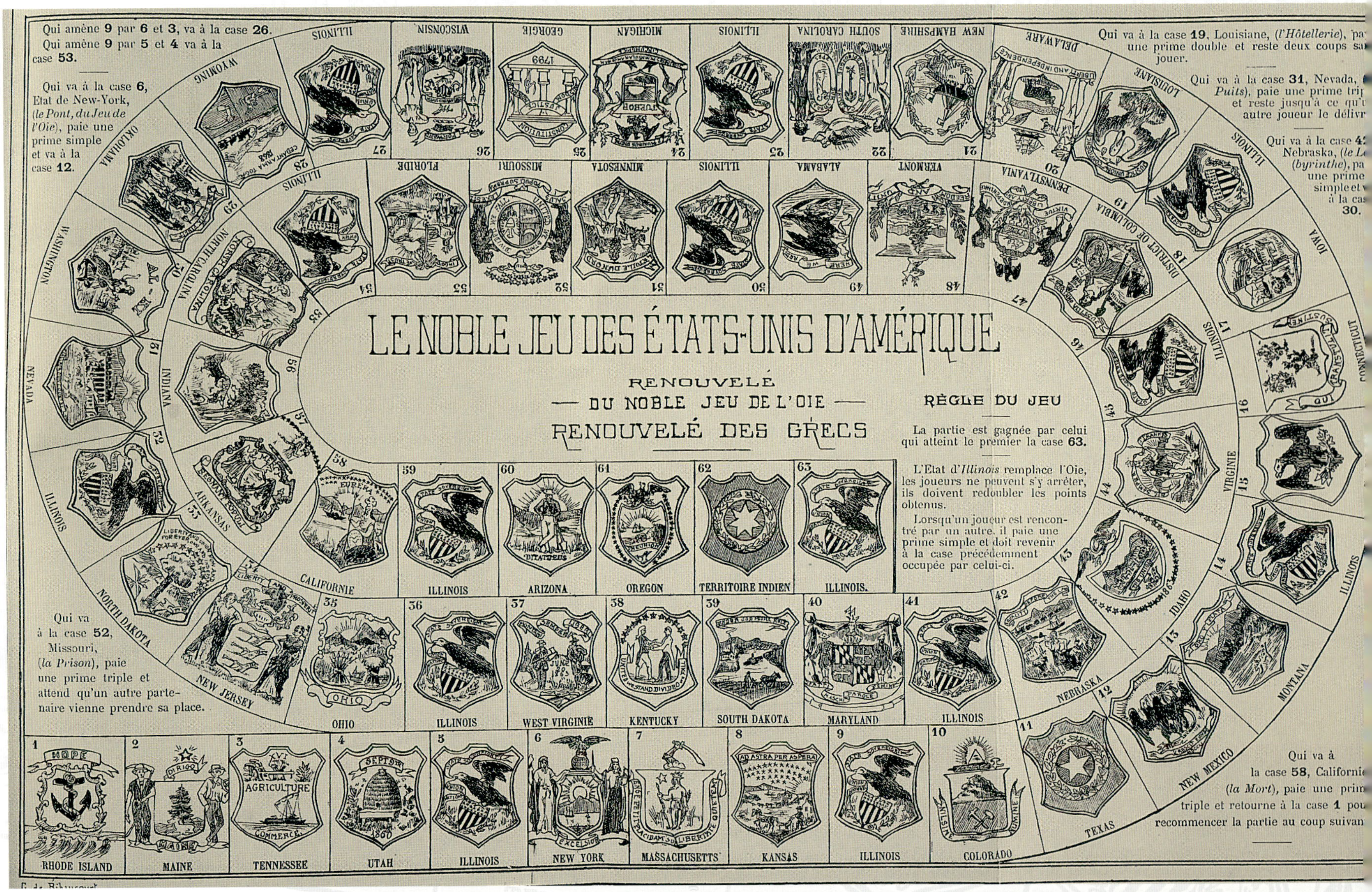

▲ Un roman qui a souvent des accents écologiques. Max Réal face aux cataractes du Yellowstone. Là, écrit Verne, « se produisent les phénomènes les plus inattendus, semblables à ces effets scéniques d'une féerie provoqués par la baguette du magicien ». (Illustration de Roux) (BM Nantes)

Le Testament d'un excentrique est aussi une féroce satire des mœurs américaines. ▲ Seul Max Réal, l'artiste peintre, trouve grâce aux yeux de la narration. Le voici face au parc national. (Illustration de Roux) (BM Nantes)

survivre, comme Hypperbone. Néanmoins, il semble rédiger ici ce roman comme s'il devait être le dernier, et on peut dire que tous les thèmes verniens sans exception s'y retrouvent, parfois par une simple allusion. Deux sujets se distinguent particulièrement : le premier est le programme d'écriture, dicté ici par la règle d'un jeu. Un tel scénario aurait pu faire sombrer le roman dans le ridicule, il va permettre au contraire de faire apparaître une belle galerie de personnages et une série d'aventures, souvent d'une grande drôlerie. Mais le parcours des personnages est souvent une occasion, via les deux principaux héros, le peintre Max Réal et le journaliste Kymbale, de méditer sur les modalités de la création à partir d'un itinéraire et d'un cadre préétablis.

Le second thème, que nous avons également souvent rencontré, est celui de l'hygiène de vie. De ce fait, les intempérances (de caractère, d'avidité, de gourmandise) sont légion dans ce roman et les maladies, physiques et morales, s'y accumulent. Il semble d'ailleurs que Verne se soit amusé à établir une sorte d'échelle des variétés humaines à partir des six candidats, mais aussi de leurs compagnons. En effet, plusieurs joueurs sont accompagnés d'un double, mais dont le caractère est soit amplifié, soit renversé. L'ensemble donne une curieuse tonalité dans les dialogues et les comportements : plus qu'une comédie, une *symphonie* humaine.

Extrait.

Lissy Wag et Jovita Foley, deux candidates, visitent les Mammoth Caves.

Il avait déjà fallu faire une demi-lieue depuis l'orifice d'entrée jusqu'à l'Eglise gothique. En poursuivant l'exploration, il fut nécessaire, à maintes reprises, de se courber, de ramper même le long d'étroits boyaux pour atteindre la salle des Revenants. Là, vif désappointement de Jovita Foley, à laquelle n'apparut aucun des fantômes que son imagination rêvait d'évoquer dans ces souterraines cavités.

En réalité, la salle des Revenants est un lieu de halte, empli de la lumière des torches, et dans lequel se trouvait un bar fort bien tenu, où était préparé le déjeuner servi par le personnel de Mammoth Hotel.

Cette salle mériterait d'être plutôt appelée le Sanatorium, car c'est là que se rendent les malades qui accordent quelque vertu thérapeutique à l'atmosphère des grottes kentuckyennes. Ils y étaient venus pour la journée au nombre d'une vingtaine, qui s'installèrent en face d'un gigantesque squelette de mastodonte auquel ces vastes hypogées doivent peut-être leur nom de Mammoth.

Le Kaw-djer soigne les tribus indiennes. C'est l'une des rares visions positives de la médecine dans les *Voyages*. *(Illustration de Roux)*

En Magellanie

Rédigé en 1897-1898. Publié à titre posthume en feuilleton dans Le Journal*, sous le titre :* Les Naufragés du « Jonathan »*, de juillet à octobre 1909. Publié chez Hetzel en 2 volumes en 1909.*

L'histoire.

Le Kaw-djer, personnage solitaire vivant en marge de la société dite « civilisée », mais ayant des relations amicales avec des Indiens, apprend que les terres de Magellanie vont être occupées par le gouvernement chilien. S'apprêtant à se suicider, pour échapper à cette invasion, il assiste au naufrage d'un navire.

Commentaire.

Cette fois, c'est du « testament d'un écrivain » qu'il s'agit. *En Magellanie* retentit comme un chant du cygne, écho à de nombreux autres voyages et, plus particulièrement, à *Vingt Mille Lieues sous les mers* (le Kaw-djer ressemble à Nemo) ou au *Rayon vert* (lequel apparaît face au regard du héros). Si le roman précédent mettait en exergue les procédés d'écriture de Verne, *En Magellanie* privilégie plutôt ses sentiments profonds : le plaisir de la solitude et de l'autarcie, le mariage avec la nature et les contrées lointaines, la poésie des îles, ultime lieu de tous les possibles. En opposition, la société des hommes, qui menace de s'imposer avec le rattachement des îles au gouvernement chilien, va finalement connaître une forme inattendue lorsque les naufragés du *Jonathan* vont arriver. *En Magellanie* a donc les allures d'une utopie, mais une utopie « faute de mieux » ! Avant que cette société hostienne ne trouve enfin des bases solides, il aura fallu passer par la pire des épreuves, celle de l'appât du gain, illustré par la découverte d'un gisement d'or. Tout paraît finalement s'arranger, mais il est évident que pour le Kaw-djer comme pour Verne, la société, sous quelque forme qu'elle soit, ne peut être idéale.

(Coll. Ch. Le Corre)

Les habitants de le Terre de Feu (fugéens) fêtent le Kamarouko. L'Illustration, *1898 (Coll. Ch. Le Corre)* ▲

Les naufrages, thème courant des *Voyages extraordinaires*. L'Illustration, *1989 (Coll. Ch. Le Corre)*

EXTRAIT.

Le Kaw-djer, qui se croit pour toujours à l'abri sur l'île d'Hoste, examine l'horizon.

Il ne paraissait pas, à cet instant auquel va succéder le crépuscule, heure toujours empreinte d'une certaine tristesse, que le Kaw-djer, debout sur l'extrême roche, immobile comme une statue, ressentît rien de cette impression. Ses yeux ne cessaient de parcourir cette immensité de terre et de mer. À peine si ses paupières palpitaient, et peut-être, habitué au spectacle de ces calmes solitudes, regardait-il plus en dedans qu'au-dehors de lui. Il semblait bien qu'il fût là comme dans son propre domaine, dont aucune puissance n'aurait eu le droit de l'arracher…

Il resta ainsi pendant quelques minutes, caressé par la brise mourante, sans qu'un muscle de son visage eût bougé, sans qu'un geste eût rompu sa pensive immobilité. Et alors, ses bras, ramenés sur sa poitrine, se décroisèrent, ses yeux se dirigèrent vers le sol d'abord, vers le ciel ensuite, et de ses lèvres s'échappèrent ces mots, dans lesquels se résumait sans doute sa mystérieuse existence :

« Non… ni Dieu ni maître ! »

Destruction de la maison de Wilhelm Storitz.
(Illustration de Roux)
(BM Nantes)

Le secret de Wilhelm Storitz

Rédigé en 1898, revu en 1901. Publié en feuilleton dans Le Journal *de juin à juillet 1910. Edité chez Hetzel en 1910.*

L'histoire.

Henry Vidal, le narrateur de l'histoire, est invité par son frère Marc à se rendre en Hongrie afin d'assister à son mariage avec Myra Roderich. Henry apprend qu'un prétendant éconduit, Wilhelm Storitz, a promis de se venger. Ce qu'il ignore, c'est que Storitz a découvert le secret de l'invisibilité.

Commentaire.

Science-fiction (le secret de l'invisibilité) et fantastique (tout le mystère qui entoure la personnalité des membres de la famille Storitz et l'angoisse qui domine au cours des soirées et du mariage) se côtoient dans ce roman dont on peut regretter qu'il ait été édité après la mort de Verne : celui-ci n'a pu le corriger et il semble y manquer toutes ces descriptions poétiques qui ont traversé l'ensemble du cycle. Reste l'ambiance, installée de façon subtile, et le traitement original de la victime, Myra Roderich. On remarquera qu'en écho avec *Le Château des Carpathes,* il est question là encore des rapports de l'art avec la représentation d'un être adulé disparu. Sauf qu'ici, l'être ne disparaît que pour les yeux et que l'art ne consiste pas en un enregistrement visuel et sonore, mais en un portrait.

(Coll. R. Lagier)

1 Salzbourg ; 2 Vienne ; 3 Budapest ; 4 Zombor ; 5 Ragz

(Coll. Ch. Le Corre)

EXTRAIT.
Henry Vidal décide de se rendre chez Wilhelm Storitz, suite à des événements mystérieux qui menacent le mariage de son frère.
Au dernier tournant, nous prîmes à gauche afin de redescendre le boulevard Téléki, en direction du quai Bathiany. De ce point j'aperçus une maison isolée au centre d'un jardin. D'un aspect triste, comme si elle eût été délaissée depuis quelque temps, ses fenêtres fermées de persiennes qui ne devaient presque jamais s'ouvrir, son soubassement envahi par la lèpre des mousses et le fouillis des ronces, elle contrastait étrangement avec les autres hôtels du boulevard.
Par la grille, au pied de laquelle poussaient des chardons, on pénétrait dans une petite cour, plantée de deux ormes que la vieillesse avait déjetés, et dont le tronc, fendu de longues entailles, laissait voir la pourriture intérieure.

▲ Budapest, traversée par le Danube. Après les fleuves américains, c'est au tour de celui chanté par Strauss de conduire le fil du récit, tout au moins dans sa première partie. C'est après avoir
▼ quitté le bateau que Henry Vidal va connaître ses premiers tourments. *(Coll. Ch. Le Corre)*

Auckland, en Nouvelle-Zélande, où va se dénouer le drame. *(Coll. Ch. Le Corre)*

Les frères Kip

Rédigé en 1898. Publié en feuilleton dans le Magasin d'Education et de Récréation *de janvier à décembre 1902. Edité chez Hetzel en 2 volumes en juillet et novembre 1902.*

L'Histoire.

En Nouvelle-Zélande et dans le Pacifique. Deux matelots assassinent leur capitaine et s'arrangent pour que les soupçons se portent sur deux naufragés recueillis peu auparavant, les frères Kip.

Commentaire.

Grâce aux progrès de la recherche vernienne, on peut désormais être certain que ces frères Kip sont censés représenter les frères Dreyfus. Le thème de l'erreur judiciaire domine, en effet, tout ce récit, à l'action bien menée, qui entretient le suspens jusqu'au bout – jusqu'au coup de théâtre final qui amène enfin la preuve recherchée. Vin Mod et Flig Balt, les deux « méchants », sont parfaitement peints (ce qui compense la fadeur des autres personnages). Par ailleurs, Verne en profite pour faire allusion à quelques-unes de ses obsessions, le cannibalisme, la dégradation provoquée parmi les tribus indigènes par la civilisation, mais aussi les conditions du bagne, qui apparaissaient déjà dans la nouvelle *Pierre-Jean* et, de façon allusive, dans d'autres *Voyages*.

Opération de sauvetage des frères Kip. *(Illustration de Roux) (BM Nantes)*

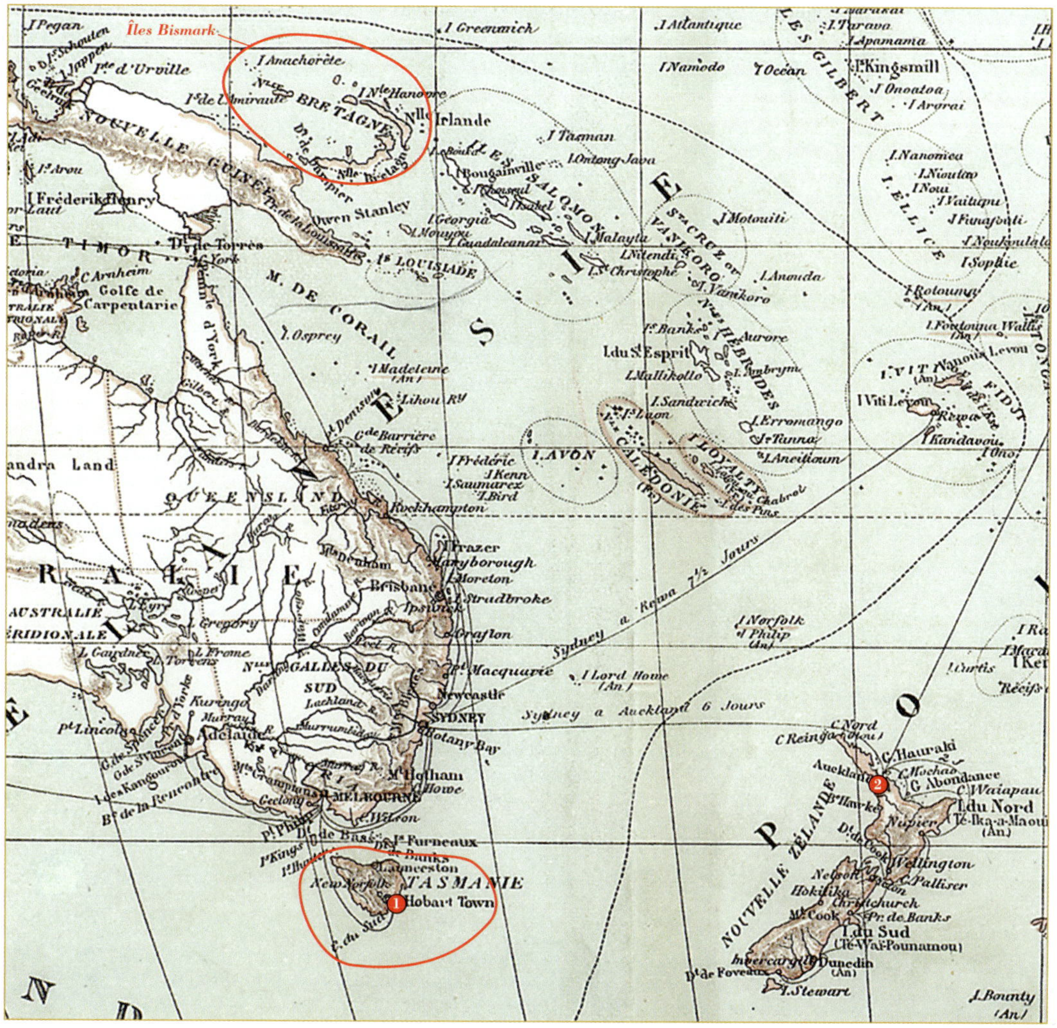

(Coll. R. Lagier)

EXTRAIT.

La narration nous présente la destinée terrible des Maoris.

Il y a, en somme, deux raisons pour que cette population soit en voie de décroissance et destinée à disparaître dans l'avenir. La première cause de destruction, c'est la maladie et particulièrement la phtisie pulmonaire, qui exerce de grands ravages dans les familles. La seconde, plus terrible encore, c'est l'ivrognerie, et il est à noter que les femmes tiennent le premier rang dans cet effroyable abus des liqueurs alcooliques.

D'autre part, il y a lieu d'observer que le régime d'alimentation s'est profondément modifié chez les Maoris. Grâce aux missionnaires, l'influence du christianisme est devenue dominante. Les indigènes étaient anthropophages autrefois, et qui oserait dire que cette nourriture ultra-azotée ne convenait pas à leur tempérament ?... Quoi qu'il en soit, mieux vaut qu'ils disparaissent plutôt que de se manger entre eux, « bien, a pu dire un touriste très observateur, que le cannibalisme n'eût jamais qu'un seul but, la bataille : dévorer les yeux et le cœur de l'ennemi, afin de s'inspirer de son courage et d'acquérir sa sagacité » !

Indigènes des îles Salomon. *(Coll. Ch. Le Corre)* ▼

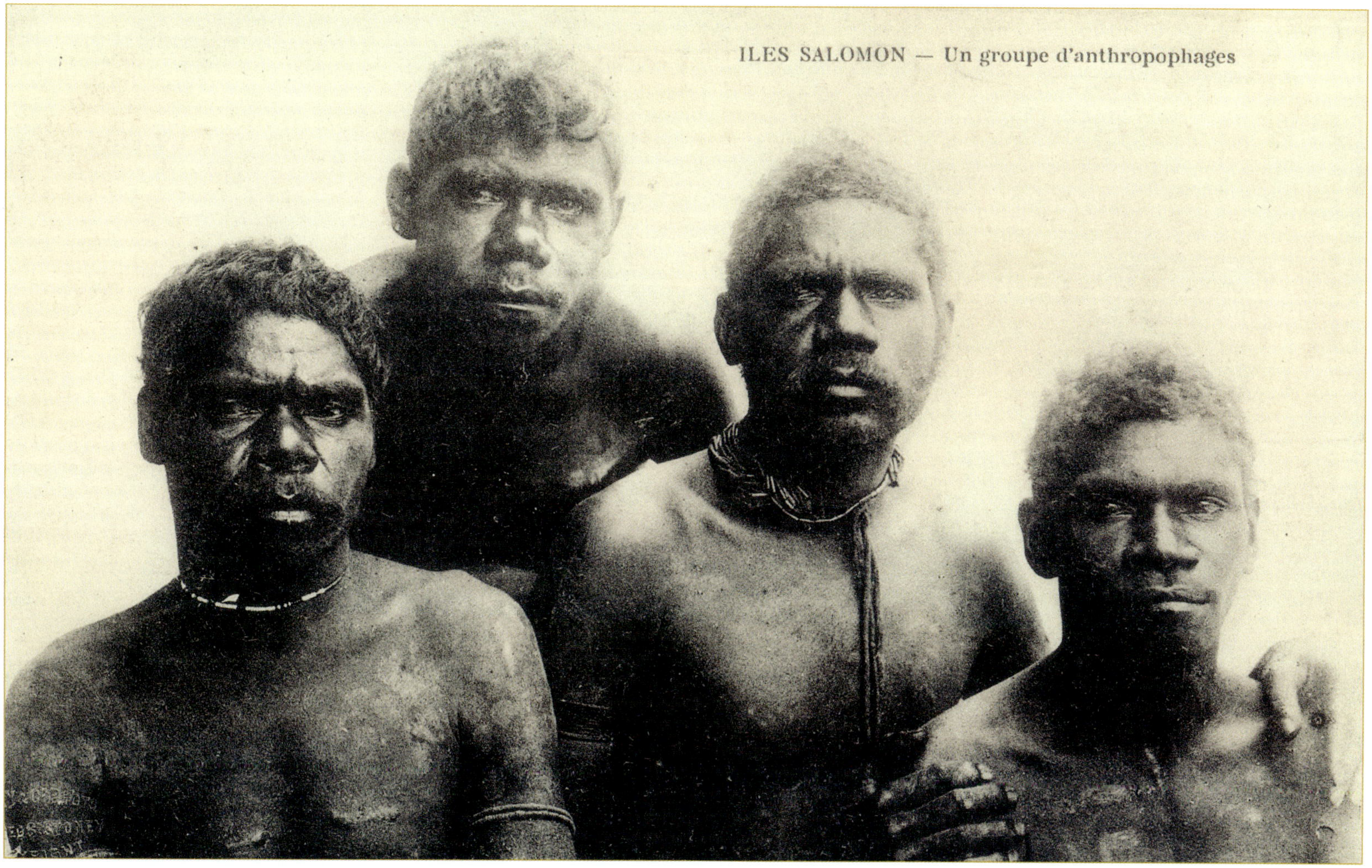

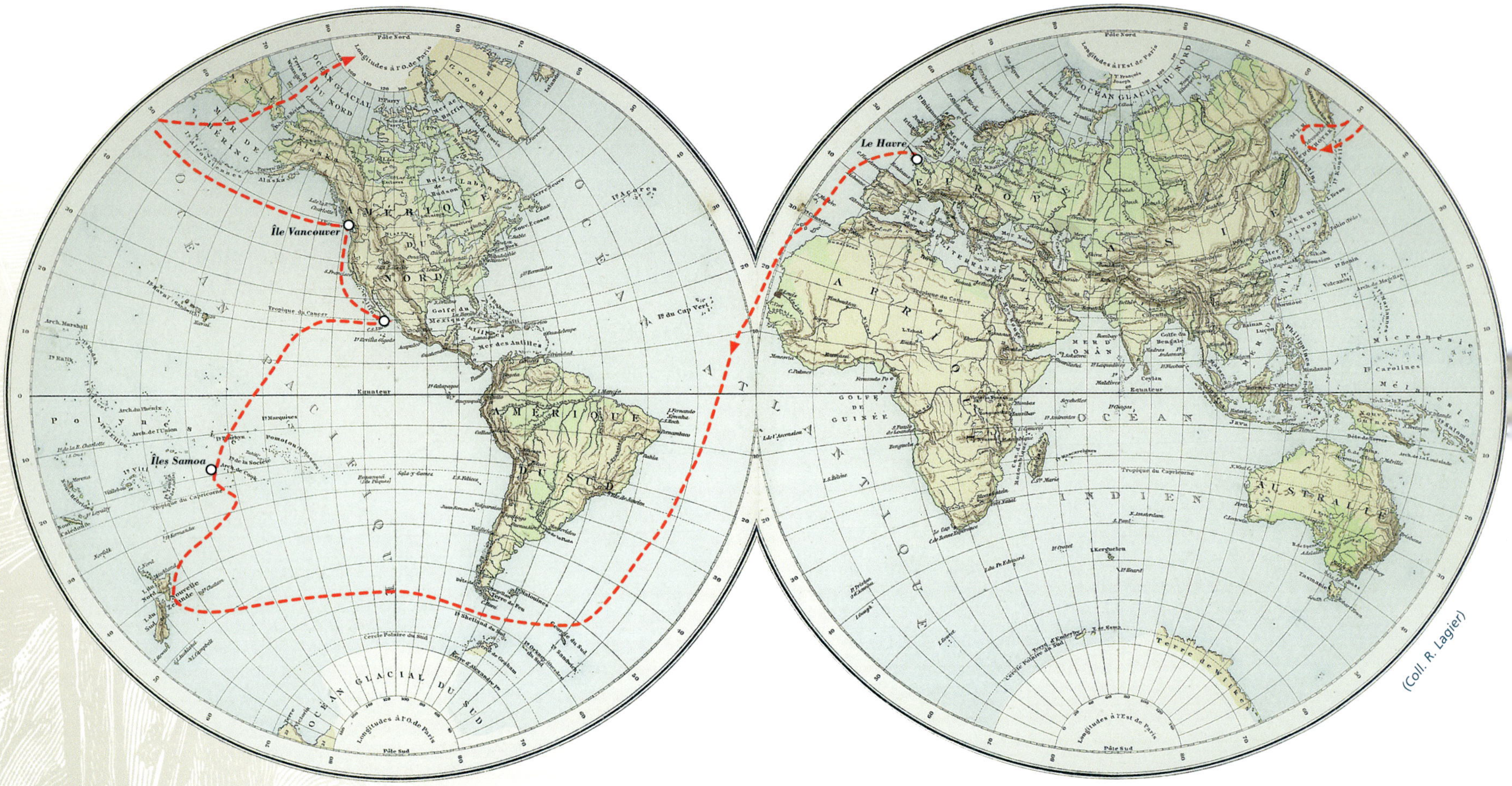

(Coll. R. Lagier)

Les histoires de Jean-Marie Cadiboulin

Rédigé en 1899. Publié en feuilleton dans le Magasin d'Education et de Récréation *de juillet à décembre 1901. Edité chez Hetzel en novembre 1901.*

L'HISTOIRE.

Le *Saint-Enoch* part pour une chasse à la baleine qui se transforme en une partie de cache-cache avec un serpent de mer géant dans la mer d'Okhotsk et l'Arctique. Réalité ou illusion ?

COMMENTAIRE.

Bien que le sujet de ce roman paraisse léger, il semble bien que Verne ait eu des intentions qu'il n'a peut-être pas pu faire aboutir. De même que tant d'autres moyens de transport verniens (cf. *Autour de la Lune, Une ville flottante, L'Ile à hélice*), le *Saint-Enoch* pourrait bien être une sorte de théâtre flottant, ou de salon littéraire dans lequel on dispenserait toutes sortes de récits. Toutefois, cette idée n'est qu'effleurée dans ce récit et en reste finalement aux abords du domaine fantastique : durant tout le voyage, on oscille en effet entre la réalité et l'inexistence du fameux serpent de mer. A noter une fois de plus les allusions nombreuses sur la dégradation des mers, des territoires côtiers et de leurs habitants.

Arrivée au port de Pétropavlosk. *(Illustration de Roux) (BM Nantes)*

L'équipage du *Saint-Enoch* ne va cesser de « voir » des monstres marins tout au long de son périple. *(Illustration de Roux) (BM Nantes)*

Nouvelle-France. *(Coll. Ch. Le Corre)*

Même au XIXe siècle, on croyait encore à l'existence de monstres habitant sous les eaux. On se souvient du début de *Vingt Mille Lieues sous les mers* : si l'on se réfère au premier texte manuscrit de *Cabidoulin*, intitulé alors *Le Grand Serpent de mer* et que Verne a finalement modifié, il semble que le fameux serpent aurait été à nouveau un sous-marin ! Ci-contre, une représentation des différentes sortes de monstres qu'on imaginait sous les eaux depuis plusieurs siècles. *Extrait de* Monstres marins, *paru aux Éditions Ouest-France.* ▼

EXTRAIT.

Le *Saint-Enoch* parvient à Petropavlosk, capitale du Kamtchatka.

Si le docteur Filhiol avait jamais formé le rêve de visiter la capitale du Kamtchatka, il allait le réaliser dans les conditions les plus favorables. Sous ce climat salubre, d'où se dégage un air sain et humide, il est rare que l'horizon soit parfaitement net. Ce jour-là, pourtant, dès l'entrée du navire dans la baie d'Avatcha, on put suivre du regard le long profil de ce magnifique panorama de montagnes.

Des volcans nombreux s'ouvrent dans cette chaîne : le Schiwelusch, le Schiwelz, le Kronosker, le Kortasker, le Powbrotnaja, l'Asatschinska, et enfin, en arrière de la bourgade si pittoresquement encadrée, le Koriatski, blanc de neige, dont le cratère vomissait des vapeurs fuligineuses mêlées de flammes.

Quant à la ville, encore à l'état rudimentaire, elle ne se composait que d'une agglomération d'habitations en bois. Au pied des hautes montagnes, on eût dit un de ces jouets d'enfant dont les maisonnettes sont éparpillées sans ordre.

(Coll. R. Lagier)

M. Patterson et ses élèves en Martinique. *(Illustration de Benett)* *(BM Nantes)*

Rédigé en 1899. Publié en feuilleton dans le Magasin d'Education et de Récréation *de janvier à décembre 1903. Edité chez Hetzel en 2 volumes en juillet en novembre 1903.*

Bourses de voyage

L'histoire.

Neuf élèves, de nationalités diverses et aux résultats scolaires brillants, gagnent un voyage aux Antilles, sous la surveillance de l'économe, M. Patterson. Mais des pirates se sont emparés secrètement du navire qui doit les conduire. Les brigands vont cacher leur identité aux élèves afin de percevoir leurs bourses de voyage.

Commentaire.

Il n'y a hélas ! pas grand-chose à dire sur ce roman, si ce n'est que l'occasion est trouvée d'explorer ces Antilles, plutôt absentes jusque-là des grandes traversées verniennes, cependant que le suspens concernant le plan des pirates est bien entretenu. Mais les enfants de ce *Voyage* sont nettement moins attrayants que ceux de *Deux Ans de vacances* (ils en sont une sorte de copie réductrice) et M. Patterson n'a pas la force comique de tant d'autres personnages verniens.

Le Monde illustré, 1871. (Coll. Ch. Le Corre)

(Cliché. H. Champollion)

Représentants de la Martinique à l'Exposition universelle de 1900. *Le Petit Journal*, 1900 (Coll. Ch. Le Corre)

EXTRAIT.

Les voyageurs font escale en Guadeloupe, à Basse-Terre.

Basse-Terre, tout en étant un chef-lieu politique du groupe, n'occupe que le troisième rang parmi les villes de la colonie. [...] Bâtie à l'embouchure de la Rivière-aux-Herbes, elle se dispose en amphithéâtre sur la colline, ses maisons groupées au milieu d'arbres magnifiques, ses villas éparses aux alentours, incessamment rafraîchies par les saines brises du large. Si leur hôte n'avait point accompagné les jeunes garçons dans cette excursion, du moins Louis Clodion, qui connaissait Basse-Terre, remplit-il à merveille son rôle de cicerone. Ni le Jardin botanique, qui est célèbre aux Antilles, ni ce sanatorium du camp de Jacob, aussi salubre que celui des Saintes, ne furent oubliés.

Ainsi s'écoulèrent ces quatre jours, en promenades, en explorations, qui ne laissèrent pas une heure inoccupée. Et quels repas plantureux, et quelle perspective, au moins pour M. Horatio Patterson, de gastrites et de dilatations d'estomac, si la relâche eût duré quelques jours de plus !...

Un campement de chercheurs d'or au Klondike. La cohabitation entre les campements voisins est loin d'être toujours amicale, comme le montre l'histoire du *Volcan d'or*. (Bibliothèque illustrée des voyages autour du monde, *1895-96*. *Coll. H. Viaux. Ph. D. Bénaouda.) Extrait de Les Grands Marcheurs, paru aux Éditions Ouest-France.*

Rédigé en 1899-1900. Publié en feuilleton dans le Magasin d'Education et de Récréation *de janvier à décembre 1906. Edité chez Hetzel en 2 volumes en 1906.*

L'histoire.

Deux cousins, Ben Raddle et Summy Skin, héritent d'une propriété située dans le Klondike, lieu des chercheurs d'or. Tous deux décident de s'y rendre et vont connaître les pires péripéties.

Commentaire.

C'est bien sûr à Jack London que l'on songe en lisant ce roman, mais il ne faut pas oublier que la ruée vers l'or est déjà narrée dans *Les Enfants du capitaine Grant*. Par ailleurs, on reconnaît à nouveau la verve des grands romans verniens et leur originalité, notamment l'idée de faire voyager deux religieuses avec les deux cousins, ce qui annonce une tendance, de plus en plus marquée depuis *Le Superbe Orénoque*, de donner un rôle à la religion, tantôt pour la ridiculiser (*Le Village aérien*), tantôt pour la mettre en valeur, comme c'est le cas ici. Mais au-delà de la fièvre de l'or, c'est le devenir de la terre qui retrouve ses droits ici : d'abord avec un climat cataclysmique qui rappelle les pires pages de *P'tit-Bonhomme*. Puis succède le paradis, avec la fabuleuse contrée de Golden Mount, nouveau lieu de tous les possibles au niveau créatif. Mais lieu incertain, puisque la montagne va s'avérer être un volcan et que la soif de l'or va provoquer une transformation spectaculaire de ce paysage idyllique.

(Coll. R. Lagier)

Travail d'été : le lavage. L'Illustration, *1898 (Coll. Ch. Le Corre)*

EXTRAIT.
Le volcan connaît une éruption.

Soudain une terrible explosion retentit. Les flammes et les fumées, qui s'échappaient du volcan, montèrent à cinq ou six cents pieds dans les airs. Elles étaient accompagnées de milliers de pierres, de morceaux de laves durcies, de scories, de cendres et tourbillonnaient à grand fracas. Là-haut, assurément, s'était produit un large effondrement du plateau supérieur. Peut-être, sous la poussée des matières éruptives, le plateau s'était-il éventré sur toute sa largeur ? Peut-être le cratère s'était-il agrandi pour livrer passage à ces masses ignées vomies sous l'action du feu central ?...

Mais alors, toute cette éruption se précipita dans la direction du nord. Roches accumulées, laves, cendres, entraînées de ce côté, retombaient dans les flots !...

Oui ! c'était dans l'océan Arctique que le Golden Mount se vidait tout entier !...

(Bibliothèques d'Amiens Métropole - Coll. J. Verne) (cliché G. Mermet)

Le Monde illustré, *1875 (Coll. Ch. Le Corre)*

Le beau Danube jaune

Arrivée d'Ilia Krusch à Vienne. *(Illustration de Roux) (BM Nantes)*

Rédigé en 1901. Publié en feuilleton, après la mort de Jules Verne, sous le titre Le Pilote du Danube *avec de nombreuses modifications de Michel Verne, dans* Le Journal *de septembre à novembre 1908. Edité chez Hetzel en 1908.*

L'HISTOIRE.

Après avoir gagné le prix de meilleur pêcheur, l'ancien pilote fluvial Ilia Krusch décide de traverser le Danube pour satisfaire sa passion. Un certain M. Jaeger se joint à lui. Il s'agit d'un policier à la recherche d'une bande de contrebandiers qui sévissent eux aussi sur le Danube.

COMMENTAIRE.

Avec l'arrivée des années 1900, Jules Verne montre une nouvelle facette de son imaginaire : le désir de sérénité et de paix. Déjà amorcée avec les personnages de Summy Skin et du docteur Pilcox dans *Le Volcan d'or,* cette nouvelle (et ultime) image du cycle domine entièrement ce roman sans ambition, qui s'écoule tranquillement au rythme du flux du Danube (si l'on excepte le dernier tiers du roman où s'installe un peu d'action). Le personnage d'Ilia Krusch n'est d'ailleurs pas sans faire songer à tous ces héros autarciques qui ont traversé le cycle. Par ailleurs, M. Jaeger illustre parfaitement l'autre tendance forte de cette époque : l'intrigue policière.

Vienne en Autriche. *(Coll. Ch. Le Corre)*

EXTRAIT.

Le bateau et ses deux passagers parviennent en Autriche.

Cependant, en aval de Passau, la rive gauche est encore bavaroise jusqu'à l'embouchure de l'affluent qui a nom Dädelsbach. Au-delà, la navigation s'accomplit à travers un pays charmant, des vallées arrosées de rios qui retombent en cascades, des forêts étagées sur les collines. Une campagne verdoyante s'étend parfois jusqu'à l'horizon fermé par la ligne circulaire du ciel ; les berges sont animées par le va-et-vient des oiseaux aquatiques, hérons ou plongeons.

Et à ce propos, Ilia Krusch de dire que quelquefois ce gibier se prend à la ligne.

« Oui, monsieur Jaeger, il mord à l'hameçon comme un simple chevesne ou un brochet vorace ! Mais ce n'est pas un coup digne d'un pêcheur et aucun prix ne l'en récompenserait dans un concours ! »

1 Sigmaringen ; 2 Uhm ; 3 Ratisbonne ; 4 Passau ; 5 Linz ; 6 Vienne ; 7 Presburg ; 8 Budapest ; 9 Semlin. *(Coll. R. Lagier)*

Le phare du bout du monde

L'éclairage du phare, en trahissant la présence des brigands, va dénouer le drame. *(Illustration de Roux) (BM Nantes)*

Rédigé en 1901. Publié en feuilleton, après la mort de Jules Verne, avec des modifications de Michel Verne, dans le Magasin d'Education et de Récréation *d'août à décembre 1905. Edité chez Hetzel en 1905.*

L'HISTOIRE.

Des pirates, échoués sur l'île des Etats en Magellanie, s'emparent du phare après en avoir tué, croient-ils, tous les occupants. Mais l'un des gardiens, Vasquez, a survécu au massacre.

COMMENTAIRE.

En Magellanie se terminait avec la construction du phare du bout du monde qui tient donc la vedette dans ce roman (à remarquer d'ailleurs que si on suivait l'ordre d'édition, on retrouverait *Le Phare du bout du monde* précédant *En Magellanie*). Cette partie du monde, visiblement l'une de celles que Verne a eu le plus de plaisir à mettre en scène, est décrite une nouvelle fois avec un grand sens lyrique. C'est toutefois la seule chose à signaler s'agissant de ce roman à la facture très classique, même si le duel entre Vasquez et la bande des pirates ne manque pas de brio.

EXTRAIT.
La narration décrit la tour du phare.
La tour était d'une extrême solidité, bâtie avec les matériaux fournis par l'île des Etats. Les pierres, d'une grande dureté, maintenues par des entretoises de fer, appareillées avec une grande précision, emboîtées, les unes dans les autres à queue d'aronde, formaient une paroi capable de résister aux violentes tempêtes, aux ouragans terribles qui se déchaînent si fréquemment sur cette lointaine limite des deux plus vastes océans du globe. Ainsi que l'avait dit Vasquez, le vent ne l'emporterait pas, cette tour. Ce serait un fanal que tiendraient ses camarades et lui, et ils le tiendraient bien en dépit des tourmentes magellaniques !

En 1998, André Bronner et son équipe ont eu l'idée de bâtir un phare au bout du monde dans le but d'essayer de rejoindre l'imaginaire de Jules Verne. Rappelons toutefois que la forme de ce phare n'a rien à voir avec la description de Verne. *(Cliché André Bronner)* ▲

(BM Nantes)

(Coll. R. Lagier)

La Terre de Feu.
(Cliché André Bronner)
▼

La chasse au météore

Rédigé en 1901. Publié en feuilleton, après la mort de Jules Verne, avec de nombreuses modifications de Michel Verne, dans Le Journal *de mars à avril 1908. Edité chez Hetzel en 1908.*

L'HISTOIRE.

Tandis que le juge Proth marie Seth Stanfort à Arcadia Walker (dont il prononcera bientôt le divorce), Dean Forsyth et Sydney Hudelson, tous deux passionnés d'astronomie, se disputent la paternité de la découverte d'une comète. Or, celle-ci s'avère être en or !

COMMENTAIRE.

L'un des romans les plus sarcastiques de Jules Verne, qui se moque à la fois de la science, de la presse, du mariage, des rapports que les gouvernements ont entre eux et de cette soif de l'or qui envahit régulièrement l'actualité et les *Voyages extraordinaires.* Même si le côté burlesque l'emporte souvent, ce livre n'est jamais ridicule et, sous les yeux du juge Proth, qui pourrait bien être Jules Verne lui-même vieillissant, ce monde fou fou fou se déchaîne. Proth rejoint dans sa façon d'être le personnage du docteur Pilcox (*Le Volcan d'or*) et même Ilia Krusch (*Le Beau Danube jaune*) : quelqu'un qui désire une fois pour toutes rester simple spectateur des turpitudes de ce monde sans s'en mêler. Le destin du météore en or rejoint d'ailleurs celui de l'or du Golden Mount.

La passion pour l'espace n'a cessé de croître tout au long du XIXe siècle, notamment grâce aux ouvrages de Camille Flammarion.
Le succès de *La Guerre des mondes* de H. G. Wells, paru en 1898, ne fera que confirmer cet intérêt pour l'univers spatial.
Le Monde illustré, *1870 (Coll. Ch. Le Corre)*

La Salle de l'Équatorial.

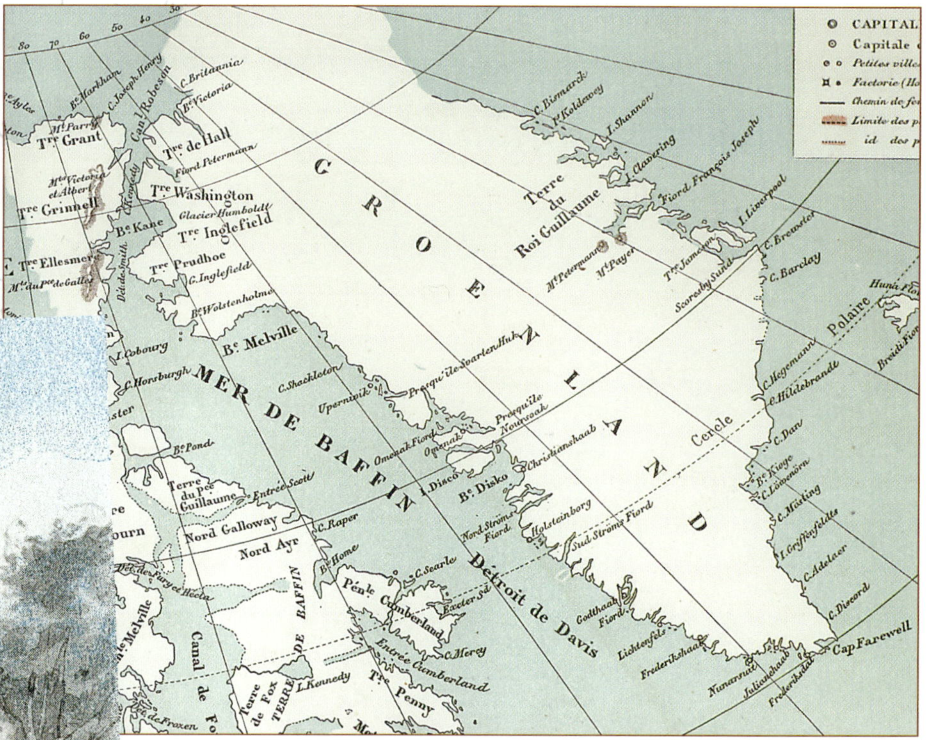

(Coll. R. Lagier)

La foule rassemblée devant la maison de l'astronome amateur Sydney Hudelson. Maison qui ressemble étrangement à celle de Jules Verne à Amiens ! *(Illustration de Roux) (BM Nantes)* ▼

EXTRAIT.

La vue du bolide inquiète les populations : où va-t-il donc atterrir ?

Mais, dira-t-on, non sans raison sérieuse, ce danger devait également menacer les diverses régions et avec elles les cités, les bourgades, les villages, les hameaux situés sous la trajectoire. Oui, évidemment. Le bolide devait faire le tour de notre globe, dans un temps qui n'était pas encore déterminé, et tous les points du sol au-dessous de son orbite étaient menacés par sa chute. Toutefois, c'était Whaston qui tenait le record de l'épouvante, si l'on veut bien accepter cette expression ultramoderne, et ce record, elle l'eût volontiers abandonné à toute autre cité… de l'Ancien Continent surtout. Et si une terreur vague d'abord, plus précise ensuite, et qui ne cessa d'aller croissant, s'empara de Whaston, c'est précisément parce que le bolide avait été pour la première fois signalé au-dessus d'elle. Donc, ce qui n'était pas douteux, c'est que divers points de cette trajectoire dominaient Whaston. Enfin l'impression générale pouvait être définie ainsi : celle des habitants d'une ville assiégée, dont le bombardement peut commencer d'un instant à l'autre et qui s'attendent à ce qu'une bombe vienne écraser leur maison !… Et quelle bombe !…

L'invasion de la mer

Rédigé en 1902. Publié en feuilleton dans le Magasin d'Education et de Récréation *de janvier à août 1905. Edité chez Hetzel en 1905.*

L'HISTOIRE.

Le capitaine Hardigan conduit dans le Sahara une expédition comprenant l'ingénieur M. de Schaller, lequel projette de transformer le désert en une vaste mer. Au même moment, le chef touareg Hadjar parvient à s'échapper et va préparer la résistance contre cè projet.

L'oasis de Gabès. *(Coll. Ch. Le Corre)*

Les Touareg contraints de se soumettre à l'autorité coloniale française. Le Petit Journal, *1905 (Coll. Ch. Le Corre)* ▲

COMMENTAIRE.

Ce projet de mer saharienne, qui peut sembler totalement dément, a réellement été envisagé un temps par des ingénieurs français ! Jules Verne se borne donc, comme souvent, à anticiper. Plus que jamais, il faut savoir lire entre les lignes de la narration. Si les Français sont bien entendu présentés comme les héros de cette histoire (Verne pouvait difficilement faire autrement), les Touareg devenant leurs adversaires, il serait très exagéré de dire pour autant que le projet de mer saharienne est présenté sous un jour favorable. L'héroïque Hardigan lui-même se permet d'émettre des doutes sur le bien-fondé du projet. Et les arguments des Touareg paraissent autrement plus recevables que ceux de Schaller. Il faut donc voir dans ce récit un plaidoyer supplémentaire en faveur de ces sites constamment menacés par l'homme, image qui aura traversé l'ensemble du cycle. Mais au-delà de ce grand sujet, se profile cette permanente interrogation sur les origines et le devenir, sur la possibilité d'une Histoire cyclique basée sur l'éternel retour.

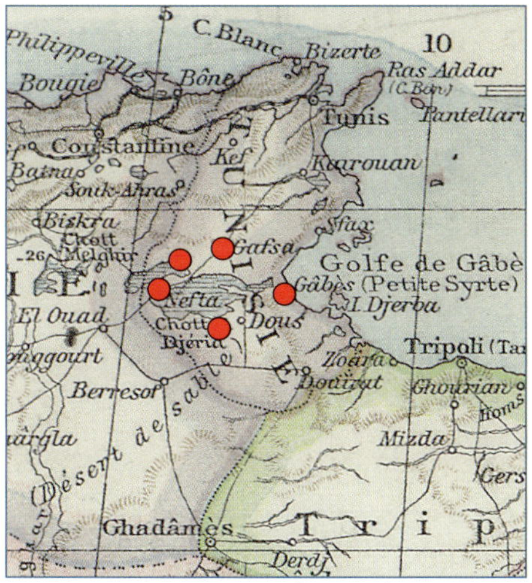

Gafsa ➡ Gabès ➡ Tozeur ➡ Nefta ➡ Chott-El-Djerdid. *(Coll. part.)*

EXTRAIT.

L'expédition se met en route. Hardigan et Schaller discutent sur le devenir du Sahara.

- Qui peut lire dans l'avenir ? répondit M. de Schaller. Notre planète, ce n'est pas douteux, a vu des choses plus extraordinaires, et je ne vous cache pas que cette idée, sans m'obséder, m'absorbe quelquefois. Vous avez sûrement entendu parler d'un continent disparu qui s'appelle Atlantide, eh bien ! ce n'est pas une mer saharienne qui passe aujourd'hui dessus, c'est l'océan Atlantique lui-même, et sous des latitudes parfaitement déterminées ; et les exemples de ces sortes de cataclysmes ne manquent pas, dans des proportions moindres, il est vrai ; voyez ce qui s'est passé dans l'Insulinde au XIXe siècle, lors de la terrible éruption du Krakatoa ; aussi, pourquoi ce qui s'est produit hier ne saurait-il se reproduire demain ?

- L'avenir, c'est la grande boîte à surprises de l'humanité, répondit en riant le lieutenant Villette.

Les prisonniers de Sohar arrivent à Zenfig. *(Illustration de Benett) (BM Nantes)*

(Cliché H. Bancaud)

MAÎTRE du monde

Rédigé en 1902-1903. Publié en feuilleton dans le Magasin d'Education et de Récréation *de juillet à décembre 1904. Edité chez Hetzel en novembre 1904.*

L'Epouvante n'est pas seulement un appareil amphibie comme le *Nautilus* : il vole !
Ce sont les chutes du Niagara qui vont lui servir de piste d'envol. *(Illustration de Roux) (BM Nantes)*

L'HISTOIRE.

L'inspecteur Strock nous narre une de ses aventures : son duel contre un mystérieux personnage, surnommé « Maître du monde », qui dispose d'un engin roulant, volant et amphibie, l'*Epouvante*.

COMMENTAIRE.

Ce *Voyage extraordinaire* est donc le dernier entièrement rédigé par Jules Verne. Comme s'il prévoyait cet état de chose, l'écrivain nous laisse avec un roman d'anticipation, où les moyens de locomotion de demain sont mis en vedette (ce roman a d'ailleurs largement contribué à la légende de Jules Verne maître de la science-fiction !). Toujours réceptif à la littérature de son temps, c'est cette fois des feuilletons noirs de Gaston Leroux, de Maurice Leblanc ou de Souvestre et Allain dont s'inspire l'écrivain ; mais il faut se rappeler que les enquêtes policières ont joué un rôle important au cours de la dernière décennie. Par ailleurs, en plaçant l'intrigue aux Etats-Unis, Verne semble une ultime fois reconnaître la prédominance que va connaître cette puissance, tant sur la marche du monde que sur celle de la littérature.

Sans aller jusqu'à égaler les grandes œuvres du cycle, *Maître du monde* présente en tout cas une enquête haletante et des scènes spectaculaires (une ultime éruption de volcan et le vol de l'*Epouvante* au-dessus des chutes du Niagara). Mais en même temps, sous un aspect résolument moderne, Verne se complaît à ajouter des touches de fantastique, voire même de féerique (dualité illustrée par les dialogues de Strock avec sa gouvernante).

EXTRAIT.

Strock arrive au pied du Great-Eyry, un volcan qui connaît des phénomènes mystérieux.

Après un repos de dix minutes, les deux guides se relevèrent, et, par un raidillon assez glissant, nous atteignîmes le bord du plateau. Il n'y avait plus maintenant qu'à longer la base des roches, qui, à la hauteur d'une cinquantaine de pieds, surplombaient en s'évasant comme les bords d'une corbeille. Il en résultait que, même en disposant d'échelles suffisantes, il eût été impossible de s'élever jusqu'à l'arête supérieure de l'enceinte.

Décidément, le Great-Eyry prenait à mes yeux un aspect absolument fantastique. Il aurait été peuplé de dragons, de tarasques, de chimères et autres espèces de la tératologie mythologique, préposés à sa garde, que je n'en eusse pas été surpris !

Dans *Maître du monde*, Verne nous présente, avec l'*Epouvante*, un mode de locomotion aérien déjà bien élaboré. En fait, lorsqu'en décembre 1903 les frères Wright parviennent à voler à bord d'un appareil motorisé (donc, le premier avion), notre écrivain a déjà fini de rédiger son roman. Ci-contre, les essais de vol de Marcel Hanriot, au début du XXe siècle. *(Coll. Part.)* ▼

❶ Monts Alleghanys (ou Appalaches) ; ❷ Raleigh ; ❸ Morganten ; ❹ Route Prairie du Chien / Madison ; ❺ Lac Supérieur ; ❻ Toledo ; ❼ Lac Erié ; ❽ Niagara . *(Coll. R. Lagier)*

(Coll. R. Lagier)

Le Tour du monde, *1861. (Coll. Ch. Le Corre)* ▼

Les chutes du Niagara. — Dessin de Paul Huet d'après un photographie.

Les sites

La prison de Matthias Sandorf à Pisino existe réellement. Non lion de cette forteresse se trouve l'actuelle Société Jules Verne croate ! *(BM Nantes)*

L'un des atouts majeurs pour la mémoire de Jules Verne est de bénéficier de trois organismes de qualité, ayant chacun son originalité, tous trois compétents (et indispensables) pour renseigner et aider toute personne (du simple curieux au chercheur) désireuse d'en savoir plus sur l'écrivain ou sur un point particulier de son œuvre. Je les cite ici par ordre alphabétique :

Le Centre d'études verniennes et le musée Jules-Verne de la Bibliothèque municipale de Nantes : Né à Nantes en 1828, Jules Verne y vit toujours dans le musée qui lui est consacré sur la butte Sainte-Anne, à l'endroit où l'écrivain « a dû venir bien souvent contempler, de cette hauteur, le fleuve, là où il devient la porte du large et le chemin de l'aventure » (Julien Gracq, La Forme d'une ville).
Sur ce coteau de Loire, « dans le mouvement maritime d'une grande ville de commerce », Jules Verne a vécu ses premières aventures en compagnie de ses premiers héros. Poursuivant ses rêves d'enfant, il aimera toute sa vie les voyages, les bateaux et l'aventure. Là furent conçus De la Terre à la Lune et « toute la mécanique nécessaire à l'expédition » de Vingt Mille Lieues sous les mers. Sur les quais il achètera et amarrera son plus beau bateau, le Saint-Michel III. Là est le secret de l'homme et de l'écrivain, la source de l'inspiration vernienne, le creuset de l'œuvre à venir.
Le visiteur est convié à un « voyage au centre de l'écriture vernienne » à travers livres, illustrations, documents et objets. Grâce au corpus unique de 15 000 feuillets manuscrits réuni par la ville de Nantes, il peut suivre ligne à ligne l'élaboration des Voyages extraordinaires.
Un centre d'études verniennes participe, au sein de la communauté internationale concernée, aux travaux sur l'écrivain, et est ouvert à toute personne désireuse de se documenter ou de mener des recherches.

Le Centre international Jules Verne à Amiens est en pleine transformation. Il s'agit de la célèbre maison de Jules Verne avec sa tour, qu'on retrouve dans les illustrations de *La Chasse au météore*. En 2005, les quatre étages seront accessibles au public. Ces structures nouvelles ainsi que le fond de la cour décoré par une grande serre consacrée à *l'Île mystérieuse* devraient être réalisés dans un style verre et métal qui compléterait l'architecture d'origine par l'imaginaire des machines et des romans de Jules Verne. La Maison de Jules Verne est devenue celle de l'écrivain, de son travail, de sa

verniens

vie et de son œuvre. Les 700 m² environ de surface au sol vont se répartir approximativement entre 100 m² de bureau, 200 m² d'accès et services, 150 m² pour l'accueil, librairie, salon-bar et ateliers. 250 m² seront consacrés exclusivement à exposer les collections.
La librairie, le salon, les ateliers et une partie des services seront aussi des espaces d'exposition par la présentation de vitrines, objets et documents sur les murs.
Le Centre contient 25 000 documents et fichiers sur Jules Verne. Il organise tous les deux ans des conférences internationales sur l'écrivain, son œuvre, son héritage culturel. La dernière conférence a associé la recherche vernienne et les chercheurs du CNES sur le thème des nouveaux mots de l'espace.
La librairie fournit sur place ou sur commande toute l'œuvre disponible de l'écrivain ainsi que les ouvrages le concernant.

La Revue Jules Verne est un semestriel de plus de 100 pages abordant chaque fois un thème particulier (le dernier numéro traitait de « Jules Verne et les Etats-Unis »). La revue bénéficie de la collaboration entre la Bibliothèque municipale de Nantes et le Centre international Jules-Verne d'Amiens.

La Société Jules Verne : Créée en 1935, interrompue en 1939, la Société Jules Verne a repris ses activités en 1967. Elle publie un bulletin trimestriel. Président : Olivier Dumas. Adresse : Société Jules Verne, 4, rue Jean-Goujon, 75008 Paris. Tous les ans, une assemblée générale a lieu sur un site en rapport (direct ou indirect) avec Jules Verne. Parmi les nombreuses initiatives de la Société, dont bénéficie le *Bulletin*, citons :
- pour les chercheurs : la publication fréquente depuis quelques années d'œuvres de Verne dans les pages du bulletin : pièces de théâtre inédites, de nouvelles, de lettres, de discours ; ou la contribution à l'édition d'ouvrages en volumes, telle que la *Correspondance Hetzel-Verne*, outil de travail indispensable pour tout passionné de Verne ;
- pour les collectionneurs : une bibliographie de plus en plus détaillée (avec une iconographie très riche, en couleurs le plus souvent) des différents types de volumes, cartonnages, d'illustrations des œuvres de Jules Verne au XIXe siècle. I

Jules Verne n'a rien d'un auteur réaliste et est plutôt un traducteur de certains signes particuliers du monde. Même chose pour ses personnages, qui sont souvent des caricatures ou des porte-parole. Les dessins de ces personnages sont d'ailleurs fidèles à cet état d'esprit. Ici, les passagers du *Great Eastern* dans *Une ville flottante*. (Illustration de Férat) (BM Nantes)

Bibliographie

Bibliographies et catalogues

Bibliothèque municipale de Nantes, *Catalogue des manuscrits de Jules Verne* - Ville de Nantes, 1988.
DEHS, Volker, *Guide bibliographique à travers la critique vernienne 1872-2001,* éd. bilingue - Wetzlar, Phantastische Bibliothek, 2002.
GONDOLO DELLA RIVA, Piero, *Bibliographie analytique de toutes les œuvres de Jules Verne* - Paris, Société Jules Verne, vol. 1 : 1977 ; vol. 2 : 1985.

Correspondance

Correspondance inédite de Jules Verne et de Pierre-Jules Hetzel (1863-1886), éd. Olivier Dumas, Piero Gondolo Della Riva et Volker Dehs - Slatkine, Genève, t. I : « 1863-1874 », 1999 ; t. II : « 1875-1878 », 2001 ; t. III : « 1879-1886 », 2002.

Biographies

DEKISS, Jean-Paul, *Jules Verne, le rêve du progrès* - Paris, Gallimard, « Découvertes », 1991.
DEKISS, Jean-Paul, *Jules Verne, l'enchanteur* - Paris, Edition du Félin, 1999.
LOTTMAN, Herbert, *Jules Verne* - Paris, Flammarion, 1996.

Ouvrages critiques

COLLECTIF, *Jules Verne écrivain* - Nantes, BMN, Coiffard, Seria, 2000.
COMPERE, Daniel, *Jules Verne écrivain* - Genève, Droz, 1991.
COMPERE, Daniel, *Jules Verne, parcours d'une œuvre* - Amiens, Encrage, 1996.
MORE, Marcel, *Le Très Curieux Jules Verne* - Paris, Gallimard, 1960.
SERRES, Michel, *Jouvences sur Jules Verne* - Paris, Minuit, 1974.
VIERNE, Simone, *Mythe et modernité* - Paris, PUF, 1989.

Revues

L'Arc n° 29, 1966.
Bulletin de la Société Jules Verne, qui paraît depuis 1967.
Cahier de l'Herne n° 25, 1974.
Cahiers du Centre d'études verniennes et du musée Jules-Verne, publiés depuis 1981.
Europe n° 112, 1955 ; *Europe* nos 595-596, 1978.
Revue *Jules Verne* du Centre de documentation Jules Verne, paraît depuis 1996.
Revue des Lettres modernes, série « Jules Verne », Paris, édition Minard, 8 numéros parus depuis 1976.

Jules Verne a fait voyager ses personnages sur tous les continents, même si certaines parties du monde, comme l'Indochine, sont absentes. Istanbul, notamment, entre Europe et Asie, apparaît dans *Kéraban le têtu.* *(Coll. Ch. Le Corre)*

Table des matières

Le détroit de Berhing. *(Cliché H. Bancaud)*

Remerciements

L'auteur et
les éditions Ouest-France
remercient tout particulièrement la mairie de Nantes
ainsi que mesdames Agnès Marcetteau et Colette Gallois
de la médiathèque de Nantes pour leur précieuse collaboration.

En première de couverture :
Montage d'après documents de la BM de Nantes,
des Bibliothèques d'Amiens Métropole et de collections privées.

Cet ouvrage a été achevé d'imprimer
en France par Kapp Lahure Jombart à Évreux (27)
I.S.B.N. : 2.7373.3225.7 - N° Éditeur : 4509.01.08.10.04
Dépôt légal : octobre 2004 - Éditeur : Henri Bancaud
Collaboration éditoriale : Caroline Le Gleut
Conception graphique et mise en pages :
Corinne Chapalain, Studio graphique
des Éditions Ouest-France